Paris
1819

Goerres, J.

L'Allemagne et la Révolution

L'ALLEMAGNE

ET

LA RÉVOLUTION.

IMPRIMERIE DE P.-F. DUPONT, HÔTEL DES FERMES

L'ALLEMAGNE
ET
LA RÉVOLUTION;

PAR J. GOERRES.

TRADUIT DE L'ALLEMAND,

ET

SUIVI DE CONSIDÉRATIONS SUR LA POLITIQUE DES GOUVERNEMENTS DE L'ALLEMAGNE;

PAR C. A. SCHEFFER.

A PARIS,

A LA LIBRAIRIE CONSTITUTIONNELLE DE

BRISSOT-THIVARS,

Rue Neuve-des-Petits-Champs, n° 22;

Et chez DELAUNAY, Libraire, au Palais-Royal.

1819.

PRÉFACE

DU TRADUCTEUR.

Depuis long-tems je travaillais à rassembler des matériaux pour un second *Tableau politique de l'Allemagne*, faisant suite à celui que j'ai publié en 1816. J'étais prêt à livrer ce travail à l'impression, lorsque j'appris qu'un des publicistes les plus célèbres de l'Allemagne s'était occupé du même sujet. Dès ce moment je ne cherchai plus qu'à me procurer son ouvrage, ce qui n'était guère facile, puisqu'il avait été saisi au moment où il allait être mis en circulation : un ami de M. Goerres vint au-devant de mes désirs. A peine eus-je parcouru *l'Allemagne et la Révolution*, qu'abandonnant pour le moment toute idée de faire connaître mes idées sur ce sujet, je ne songeai plus qu'à traduire un ouvrage qui remplit mieux qu'il ne m'eût été possible de le faire, le but que je m'étais proposé.

La tâche que je m'imposais m'effraya au premier abord. La langue Allemande permet des tournures pleines de force et d'énergie qu'il est impossible de rendre en français, et aucun écrivain n'en emploie plus fréquemment que M. Goerres, qui passe à juste titre pour un des hommes les plus éloquents de sa patrie. Son stile souvent sublime est toujours animé; ses pensées sont profondes, et ses comparaisons et les métaphores dont il se sert fréquemment sont d'une grande hardiesse. Tout littérateur peut concevoir quelles étaient les difficultés contre lesquelles j'avais à lutter, surtout parce que je désirais donner une idée de la manière d'écrire et de penser en Allemagne. J'ose à peine me flatter d'avoir approché de mon but, d'autant moins que la nature de l'ouvrage que je traduisais, étant d'un grand intérêt momentané, ne me permettait point d'accorder à mon travail tout le temps nécessaire.

La traduction que j'offre au public français est fidèle, mais non complète. Jamais je ne me suis permis de mettre mes idées à la place de celles de l'auteur, mais j'ai cru pouvoir passer ce qui n'étant que d'un intérêt purement local, ou ne servant point essenticllement à la marche de l'ouvrage, n'aurait point été compris ou était inutile ailleurs qu'en Allemagne. Quelque opinion qu'on puisse avoir du mérite de ma traduction, toutefois je suis certain que les hommes qui s'occupent de politique et qui sentent le besoin de connaître l'état des nations européennes, m'en sauront bon gré, et approuveront les motifs qui me l'ont fait entreprendre.

C. A. SCHEFFER.

L'ALLEMAGNE

ET

LA RÉVOLUTION

> Neque sic accipiatis, tamquam exprobaturus præterita surrexerim. Nam veterem quidem culpam intempestivè objicere, inimici et alienis erroribus petulanter insultantis animi est : probi viri et salutis communis studiosi, peccata civitatis tegere, aut excusare malunt, nisi quoties ad calamitatem publicam amoliendam, præteritarum offensarum recordatio grande momentum habet. Nam ab errore quidem omni, homines quum simus, immunes haberi velle, nimium et superbum : SED AD EUNDEM LAPIDEM CEREBRO IMPINGERE; NEQUE SALTEM EVENTU TEMERITATEM CASTIGANTE AD CAUTIOREM ERUDIRI, ID VERO JAM VIX BENE HUMANUM EST.
>
> *L'orateur tarentinois dans le conseil contre les Romains.*
>
> (TITE LIVE II *Dec. Ch.* XII.)

Après quatre ans de lutte violente entre les partis, après une opposition insensée contre les besoins du temps, après des concessions partielles d'un côté, et des prétentions exagérées de l'autre, on est enfin parvenu au point qu'une fermentation générale s'est emparée de tous les esprits en Allemagne, et qu'il règne une disposition de la nature de celles qui précèdent d'ordinaire les grandes catastrophes dans l'histoire des peuples. Ce qui ne pouvait jamais réussir aux intrigues démagogiques les plus actives et les plus perfides, d'exciter et d'aigrir, dans tous ses élémens, dans toute sa nature, le peuple pacifique, modéré, calme de l'Allemagne, a été exécuté heureusement par ceux qui gouvernent et qui, très-adroitement, sont allés au-devant de cet orage. Comme, en grande partie, ils n'osent prétendre à l'honneur du succès sans des raisons bien fondées, ils se préparent courageusement à remplir en peu de temps (1) ce qui peut encore manquer à la perfection du tout, afin qu'à l'œuvre on reconnaisse l'ouvrier. Chaque fois que les passions déchaînées semblaient vouloir se calmer, ils ont su leur trouver un nouvel aliment. Avec une rare adresse, ils ont trouvé le côté faible de chacun, et ils ont profité de toutes les occasions qui leur étaient offertes, pour diriger la pointe contre les endroits déjà blessés. C'est ainsi qu'ils ont trouvé le secret de créer un sentiment général de mécontentement d'un bout de la patrie à l'autre, et d'enga-

(1) L'Auteur avait déja connaissance des projets de la diète de Francfort, quoiqu'ils n'eussent point encore été publiés. (*Note du traducteur.*)

ger les gouvernements dans une lutte désespérée avec tout ce qui est bon, noble, fort, de les perdre dans un labyrinthe d'où jamais ils ne se tireront, à moins d'abandonner les sentiers par lesquels ils se sont égarés. Pendant la chaleur oppressive de l'été, la terreur des orages n'empêche point la nature de sentir le besoin pressant de l'agréable fraîcheur qui leur succède; de même l'opinion s'est presque réconciliée déjà avec tout ce qu'il y a de plus terrible, pourvu qu'il promette de détruire la honte du moment présent, et qu'il donne l'espoir de chasser les nuages qui cachent maintenant toutes les étoiles favorables. Ainsi, l'opinion ne s'effraye point à la vue de ces oiseaux, présages certains de l'approche de l'orage, de ces adolescents qui se vouent à la mort pour détruire ce qui est méchant et pernicieux. Ainsi même elle n'a point été surprise quand on lui a annoncé de Berlin, la découverte d'une grande conspiration tramée pour établir une république teutonique, car l'expérience du dernier siècle lui a appris suffisamment qu'il existe une loi universelle d'après laquelle tout extrême crée inévitablement un extrême opposé. Une seule chose l'a étonné au milieu du bruit des coffres et des armoires forcées, des allées et des venues des gendarmes et des espions, de la transgression violente de toutes les formes judiciaires, de la persécution d'hommes tranquilles que le bon sens le plus ordinaire devait absoudre d'avance, des arrestations et des mises en liberté, des enlèvements de papiers et des interrogatoires; ce qui l'a étonné au milieu de tous ces mouvements terribles, c'est que les recherches des conspirations secrètes, tramées dans les ténèbres, font méconnaître cette grande conspiration, qui répand ses branches étendues sur toute l'Allemagne, au milieu de toute les classes, les âges et les sexes, qui s'assied en murmurant à chaque foyer, et qui se prononce hautement sur les places publiques; qui, sans aucun signe, se reconnait dans tous ses membres, qui, sans chefs secrets et sans direction, travaille d'un seul centre, toujours dans le meilleur accord; qui, avec plusieurs milliers d'yeux, pénètre dans les choses les plus cachées et à laquelle des milliers de bras sont toujours prêts à obéir; cette conspiration, par laquelle le sentiment national inquiété, l'espérance trompée, l'orgueil offensé, la vie comprimée, se sont ligués contre l'arbitraire aveugle, le mécanisme des formes décrépites, l'endurcissement des préjugés et le venin rongeur des maximes du despotisme, que la corruption des temps a fait naître. Cette conspiration, forte et puissante comme jamais aucune autre, croissant de jour en jour en activité et en pouvoir, parviendra si surement à son but, que le danger qui la menace, n'est point qu'elle reste en arrière de ce but, mais bien qu'elle le dépasse.

L'auteur de cet écrit a souvent parlé à la nation pendant la dernière guerre, et il s'est acquis sa confiance. Ne connaissant ni la crainte des hommes, ni cette timide prudence, qui jamais n'ose montrer la vérité qu'à demi, il a toujours dévoilé ouvertement les sentiments de son cœur. Il n'a cherché que la vérité, et quand il se flattait de l'avoir trouvée, il l'a publiée librement, car la vérité sans liberté est un trésor enfoui, une source cachée, une fontaine murée (psaume 11, v. 12). La liberté sans amour de la vérité, est un bien injuste dans la maison de l'impie; c'est le manteau qui sert à envelopper la méchanceté et la fourberie, comme Haman l'a déjà observé.

Dans cet écrit, l'auteur a voulu établir un miroir du temps, dans lequel nous puissions un jour reconnaître son image fidèle. Il a désiré que le vaisseau de la patrie, averti enfin par le feu de Saint-Elme des dangers qui le menacent, cherchât un port assuré, ou poussât à temps en pleine mer.

Quand il s'agit d'examiner à fond un mal, né sous l'influence de mauvaises étoiles, et enraciné ensuite sous la défaveur des circonstances, au point de menacer d'éruptions violentes; quand il s'agit d'examiner un tel mal, afin d'éprouver si par un concours de volontés, on pourrait y porter remède, alors il devient nécessaire de rechercher son origine, et de le suivre dans toutes les phases de son développement jusqu'au point où il est parvenu à sa maturité; la connaissance qu'on a acquise de sa nature peut être opposée ensuite à cette confusion d'efforts et d'actions, qui maintenant est une des sources principales de tous les fléaux moraux et sociaux. Ainsi, il est impossible de rechercher les causes de la malheureuse situation de l'Allemagne, sans remonter jusqu'au congrès de Vienne. Celui-ci, à la vérité, n'est qu'un résultat de rapports qui ont existé pendant des siècles; mais, en tant qu'il a été l'œuvre de la volonté libre des contemporains, il reste responsable au présent et à l'avenir, qui doivent reconnaître en lui la cause féconde des maux auxquels il a donné le jour et que le temps n'a fait qu'accroître et développer.

Les espérances et l'attente de l'Allemagne, déjouées lors de la première paix de Paris, avaient accompagné les princes et les ministres à ce congrès, et faisaient entendre leurs plaintes au milieu de leurs assemblées. L'opinion s'était promise de grands résultats de cette réunion, convoquée après la chute de la monarchie universelle de Napoléon, pour reconstruire la république européenne, et pour la relever de ses débris. Elle avait reconnu qu'on ne pouvait espérer pour l'avenir ni paix, ni ordre, ni repos, ni équilibre, à moins que l'Allemagne, formant le centre de cette république, ne fût reconstituée d'une manière forte et durable. Elle avait jeté un regard sur l'histoire et reconnu aussitôt que cet empire n'avait existé en sûreté contre ses ennemis intérieurs et extérieurs, et comme le boulevard de la chrétienté, qu'alors que ses parties multipliées et actives étaient réunies sous l'unité d'un empereur.

Ainsi, d'après l'instinct naturel, l'opinion du grand nombre s'était concentrée dans le désir que la pierre de construction, rejetée par l'ennemi, fût posée comme pierre fondamentale, et qu'on fit renaître et rajeunir la vieille idée, en la fortifiant par la sève nourrissante, produite par le progrès du développement. On pensait à peu près qu'un empereur serait placé de nouveau à la tête de l'Empire avec la dignité héréditaire, tant qu'existerait la race; à côté de lui, pour protéger la liberté contre cette hérédité, et pour maintenir les nouveaux intérêts, un roi allemand; puis les ducs de l'Empire, ses princes, ses comtes et ses prélats réunis dans une chambre de pairs; les communes formant une seconde chambre dans le parlement de l'Empire, et ainsi chaque membre du tout, maintenant ses intérêts et maintenu par les autres, les tribus réunies, et aucune dominant sur les autres, toutes servant librement un seul chef. Telles étaient les bases de la constitution qui seule convenait pour long-temps au caractère et aux vœux des Allemands. L'Empire, ainsi reconstitué, entrait au milieu des états européens avec tout le poids de sa puissance et de sa dignité, soutenu par l'esprit public du peuple; et les autres affaires de la république européenne se réglaient ensuite d'après la justice, et conformément à l'intérêt des parties.

Mais lorsque les ténèbres dans lesquelles le congrès s'était enveloppé d'abord commencèrent à se dissiper, on s'aperçut avec effroi qu'aucune trace d'un grand plan architectonique ne servait de base à ses délibérations. L'Uranus du vieux temps, mutilé par le Saturne de la révolution, avait cessé de produire, et le Jupiter tout-puissant qui avait précipité Saturne du trône, n'avait point encore triomphé entièrement dans la grande lutte. La Providence en avait décidé autrement; ce n'était point des ténèbres des cabinets que devait sortir un faible crépuscule; la clarté se répandant sur la vie nouvelle, devait ressortir brillante du côté opposé. Ainsi, pendant que les peuples rêvaient la liberté et l'indépendance, les cours n'avaient point partagé cet enthousiasme : dans une foule de traités, elles n'avaient pensé qu'à leurs avantages du moment, et lorsqu'il s'agissait de commencer l'œuvre, lorsque les deux puissances dépositaires du sort de l'Allemagne devaient réunir leurs efforts, et régler avec dignité et avec fermeté les intérêts de l'Empire avec les États moins puissants; lorsqu'elles pouvaient commander des sacrifices en faisant des sacrifices elles-mêmes; alors, pour réaliser leurs prétentions, elles devaient chercher du secours étranger. L'Autriche se jeta dans l'influence anglaise, la Prusse dans l'influence de la Russie.

Dès-lors il ne pouvait plus être question de l'Allemagne; elle se trouva perdue dans l'Europe: ce que l'Autriche fit avec l'Italie, ce que la Russie fit avec la Pologne, et l'Angleterre avec les côtes de l'Allemagne depuis l'Elbe jusqu'aux dunes de Dunkerque, la Prusse l'essaya avec la

Saxe; mais ses prétentions furent remplies sur le Rhin. Tout le reste se fit alors de soi-même; d'après l'exemple des plus puissants, les faibles commencèrent à se débarrasser de la folie de vouloir former un empire par leur union. Bientôt, lorsqu'on eut vaincu les sentiments d'anxiété que donnaient l'attente et les vœux du temps, les passions commencèrent à exercer, de nouveau et sans crainte, leur influence souvent ressentie. Si le conquérant avait brisé la couronne d'or de l'Empire germanique, et en avait distribué les morceaux comme des décorations aux vassaux, les puissances dominantes se regardèrent alors comme remplaçant celui qu'elles avaient expulsé, et le congrès ne crut nullement de son devoir de fabriquer une nouvelle couronne avec les fragments de l'ancienne. Les cours avaient mis au ban le grand spoliateur de la société européenne; mais elles déclarèrent de bonne prise tout ce qu'il avait enlevé.

D'après ce principe, on commença le partage du butin gagné, et le palais impérial devint une bourse où l'on pesa et compta les âmes comme des dariques, et où l'on se disputa et s'aigrit violemment pour quelques-unes de plus ou de moins. Et lorsque la dispute était venue au point que les glaives, prêts à être tirés, se remuaient dans le fourreau, alors la Providence, irritée de ces misérables menées, envoya au milieu d'eux l'homme de l'île d'Elbe. Celui-ci avait déjà éprouvé le jugement de la justice éternelle; c'était lui que le pape avait déclaré l'oint du Seigneur; devant lui s'étaient prosternés tous les potentats; devant lui le monde s'était humilié. C'était lui que notre époque mystérieuse avait admiré comme son premier organe, et qu'elle avait adoré profondément, elle qui semblait ne vouloir croire à rien et ne rien estimer; c'était lui qui ensuite, pour faire rougir jusque dans leurs âmes ses vils adorateurs, avait trahi devant leurs yeux toute sa faiblesse; et après avoir ainsi fait justice d'eux et de lui-même, s'était retiré dans une honteuse obscurité. C'étaient lui qu'avaient élu de nouveau les puissances irritées du ciel, pour être encore une fois le fléau de son propre peuple, et pour renverser les tables des courtiers.

Déjà la nation avait ressenti profondément la honte du traitement qu'on lui faisait éprouver, et dans la décourageante considération de ce que l'expérience avait mis au jour, et dans le pressentiment de ce qui menaçait, toutes les classes du peuple jugèrent comme les villes de la Sicile qui avaient appelé Pyrrhus de l'Épire pour les délivrer du joug des Romains, lorsqu'ensuite ce perfide allié chercha à leur imposer un joug plus insupportable (1). Néanmoins quand la nouvelle guerre commença, il se montra encore quelques élans de l'enthousiasme déployé dans la guerre précédente. Une victoire complète, telle que l'histoire n'en compte qu'un petit nombre, semblait promettre à l'Allemagne et au sentiment national réveillé, tout ce que ses ennemis lui avaient enlevé depuis des siècles. Mais dans la nouvelle paix de Paris, l'Allemagne recueillit les premiers fruits de son morcellement sanctionné et de sa position subalterne, qu'elle devait à de misérables jalousies. Son intégrité avant la guerre ne fut pas même rétablie; quelques forteresses qu'on lui céda, ne peuvent défendre ses frontières. La France vaincue, fortifiée par une constitution, sortit de cette lutte plus puissante qu'elle n'était auparavant; l'Alle-

(1) Tite-Live, sec. déc., liv. XIV, ch. 18 : Irritatis ob hæc animis mussare primum homines, mox palàm queri : cur igitur prioris status pœnituisset, si nunc etiam toleranda eadem forent? Frustra vocatum receptumque Pyrrhum; si studeat æmulari mores, quos punituros advenisset. Neque acriorem ullius injuriæ sensum esse quam cujus auctor haberetur idem ille, qui vindex esse debuisset.

magne triomphante en sortit plus impuissante, plus divisée qu'elle n'avait été à aucune époque.

Ce que le congrès avait projeté à la hâte, fut conservé et rédigé en système. « Le nouvel ordre en Europe devait, comme l'annonça une déclaration très-connue, émise par une grande puissance, être un système d'union des intérêts et un rapport mutuel des devoirs, en un mot, l'œuvre des événements amenés par la divine Providence. Une alliance générale de tous contre celui qui voudrait troubler le repos devait garantir la durée de ce système; toute autre alliance, opposée à cette grande union et formée par la crainte ou par l'ambition, devait par conséquent se trouver en hostilité avec l'esprit du siècle, et ne pouvait être qu'une lutte du parjure contre la fidélité des engagements, lutte dont le succès ne pouvait être douteux, puisque les vœux des peuples et la bénédiction du Ciel se réuniraient pour la même cause. D'après ces principes, il devait exister une espèce d'autorité suprême des grandes puissances sur les états du second et du troisième ordre, exercée collectivement d'après des formes délibératives, sans que cette autorité augmentât la puissance des plus forts, ni compromît l'indépendance des plus faibles. » Cette prérogative d'un pouvoir exécutif, accordée aux grandes puissances, fut totalement annullée au congrès d'Aix-la-Chapelle, et il ne resta plus, comme base de l'alliance européenne, qu'un pouvoir purement négatif dans ces rapports mutuels des États. Au lieu de rechercher, comme du temps de l'ancien système d'équilibre, la pondération des forces opposées, tout ce qui restait des principes de ce système fut mis en oubli : on renonça à tout échange des rapports homogènes et hétérogènes; aucune ne devait gêner l'autre dans ses œuvres, en s'y immisçant, et par cette abstinence mutuelle, on espérait établir le calme d'une longue paix au milieu des éléments opposés.

Comme on sentait néanmoins qu'il fallait établir ce système négatif sur quelque principe absolu qui lui servît de protection et de base, on conclut la sainte alliance sur des doctrines qu'on devait dans tout cas supposer chez des princes chrétiens, mais dont le sanctionnement renouvelé était toujours digne d'éloge. Si cette alliance s'était formée avec le rétablissement de l'Empire, avant le congrès, et si ce congrès se fût tenu selon ses principes, si, comme première preuve de leur bienfaisante influence, on eût gagné dès-lors la confiance des esprits disposés à l'accorder; alors la sainte alliance aurait fait une grande époque dans l'histoire, et avec elle aurait pu commencer une nouvelle ère : mais succédant à des actes peu chrétiens, comme une espèce d'expiation, elle ne put, dans la disposition aigrie des esprits, exciter d'autre sentiment que celui de la méfiance; d'autant plus qu'on ne trouvait en elle aucune compensation des espérances trompées. Cette sainte union, mise à la place du saint Empire romain, pouvait garantir la tolérance religieuse des différentes sectes réunies par ce pacte. Mais cette indifférence religieuse même, qui dispensait de cette garantie, détruisait toute solidité et toute sûreté des garanties nécessaires de la tolérance des principes politiques opposés, existans dans les divers membres de l'union.

Si l'opinion ne fut point rassurée par des actes pareils contre les craintes d'un avenir désastreux, on ne pouvait nier, d'un autre côté, que cette politique du vide, commode en tout point à l'impuissance des hommes d'état, puisqu'elle remet adroitement à l'avenir tous les problèmes dont la solution est refusée au présent, et qu'elle dédaigne de s'occuper d'avance des rapports des générations futures, que cette politique, dis-je, ne fût naturelle à cette époque fatiguée par des guerres violentes et des commotions terribles, à cette époque qui ne soupire qu'après le repos, et ne s'occupe que par nécessité de ce qui n'intéresse point immédiatement. Cette politique étant une fois appliquée à la société européenne dans une période qui, d'après une loi générale de la nature, tendait vers le parcellement comme elle avait recherché auparavant la concentration, dans une période où, par la marche des événements, la croyance au pouvoir et à l'influence de la sagesse humaine sur la direction des grands intérêts humains, était beaucoup diminuée, il devait paraître convenable et sage même d'établir, au lieu de la monarchie universelle, une république européenne au pied de l'autel érigé à l'avenir. Mais avant tout, l'Empire devait être arraché à l'anarchie; le point central de la situation devait, sinon devenir le point central des forces, du moins rester en équilibre avec elles.

Au lieu de cela, le même principe fut encore appliqué à l'Allemagne; elle devait former une petite Europe, une petite sainte alliance, au centre de la grande Europe et de la grande sainte alliance; on ne lui donna point pour garantie sa propre force, condition nécessaire de toute sûreté, mais la protection étrangère et le conflit des intérêts. Comme toute existence indépendante lui avait été refusée, elle devait rester ouverte à tous les intérêts; ceux de l'Autriche, de la Russie, de la Prusse, du Danemarck, de l'Angleterre et de la France se rencontrèrent dans cette mer intérieure, qui par elle-même sans forme, changeante et incertaine, n'eut d'autre destination qu'à tenir réuni par un faible lien ce qui avait seul de la consistance. L'unité, objet des vœux de la nation, était détruite par cette organisation; ainsi l'opinion se trouva dans une hostilité déplorable avec l'ordre qui allait commencer. En suivant les chemins qu'on avait adoptés, l'unité ne pouvait plus être obtenue que par la perfidie, la conquête, la guerre et le sang; la constitution fédérative n'était donc autre chose qu'une suspension du droit du plus fort, qu'une *paix de Dieu*, proclamée pour un temps indéfini, après lequel le plus fort peut dévorer le plus faible, et l'avidité, comme une lionne mugissante, chercher encore sa proie.

Ainsi, l'Allemagne doit se consumer pendant la paix en restant toute entière sous les armes, et dans la guerre elle ne profitera point des préparatifs de la paix. Chaque parti doit supporter un fardeau accablant comme si elle était un tout, sans que, par la résignation la plus docile, on acquière autre chose que la misère commune. Comme aucun lien intérieur ne réunit ces parties, celles-ci doivent nécessairement céder aux forces agissant du dehors, et s'attacher aux intérêts des grands États voisins. Chaque guerre devient ainsi une guerre civile, et le pays est ruiné par ses amis et par ses ennemis, sans que les avantages de la paix puissent le consoler des ravages de la guerre, puisque dans les traités on ne manquera point d'être généreux à ses dépens, et de le laisser dans une position commode pour tous les grands rivaux.

Le congrès de Vienne aussi avait préféré pour l'Allemagne cet état d'affaiblissement; après avoir examiné divers plans, dont le dernier était toujours moins praticable que celui qui précédait, il adopta enfin cet acte fédératif, dans ses dispositions générales sans force et sans caractère; cet acte fédératif qui, ce que l'histoire ne nous avait point encore montré, convoquait un conseil où rien ne peut se décider à la majorité, mais où il faut l'unanimité absolue; cet acte qui crée une pure démocratie, dont le *demos* se compose de cours ayant toutes des sentiments, des intérêts et des rapports différents, et un pouvoir central n'ayant aucune autorité sur les divers membres qui doivent lui obéir; cet acte qui repose sur une puissance exécutrice, qui n'est qu'impuissance et qui ne pouvant procéder contre les récalcitrans, se trouve hors d'état de rien faire, parce qu'elle ne pourrait gagner le membre dont le vote est négatif. Enfin, cette diète germanique est un pouvoir législatif, qui ne peut jamais établir sa compétence et un pouvoir judiciaire, auquel personne ne peut être tenu d'obéir (1). Si une telle constitution pouvait réussir, elle serait pour les peuples la preuve la plus convaincante qu'on peut se passer *entièrement de gouvernement*, et les Allemands seuls, toujours riches en espoir, pouvaient essayer de marcher avec elles.

La constitution ne marcha point ; à l'œuvre on ne put méconnaître l'ouvrier. Cette théorie d'apathie mutuelle et d'indolence, appliquée à la confusion de rapports qui régnaient en Allemagne, et qui exigeaient impérativement une activité positive, un travail bien entendu et continuel, devait montrer ses effets pernicieux. Les principes qui avaient présidé à la première création de cette constitution devaient continuellement se reproduire dans sa marche. Au congrès, régnait la maxime de ne faire aucun sacrifice pour constituer l'Allemagne, et même de n'exi-

(1) *L'Allemagne et la Révolution* a paru avant les actes de la Diète germanique contre tout reste de la liberté en Allemagne. (*Note du traducteur.*)

ger aucun sacrifice de personne dès qu'il était refusé. Par la même raison, les cours, faisant partie de la confédération, ne se trouvèrent nullement portées à y reconnaître une nouvelle règle de leur conduite; ainsi, la confédération se sépara en autant de factions qu'elle avait de membres, et ceux-ci n'étaient d'accord que dans leur désunion bien établie par leurs statuts. Malgré la dissertation d'inauguration prononcée lors de l'ouverture de la diète, malgré les citations bien appliquées tirées de Montesquieu et de Schiller, qui resonnèrent de temps en temps dans la réunion des ministres, malgré des mouvements internes très-violents, qui néanmoins, semblables à de fausses douleurs, ne mirent rien au jour, l'opinion ne put fonder qu'un faible espoir sur une œuvre d'une complexion si délicate et si faible, et de jour en jour, on vit avec plus de désespoir, que cette constitution informe cherchait vainement une forme et une consistance.

Enfin le temps amena une épreuve décisive, alors que par une réunion de circonstances, heureusement fort rare, l'Europe éprouva cette disette dans les premiers besoins de la vie. Alors on vit les gouvernements des différentes tribus d'un même peuple, dans un égoïsme illimité, fermer leurs frontières à tout amour du prochain, et ce fut cette prudence humaine qui, jointe aux fléaux de la nature, produisit cette famine à moitié artificielle (1). Lorsqu'à cette époque la diète fédérative ne sut trouver aucun remède, lorsque plus tard elle ne put donner qu'une promesse à moitié sérieuse, qu'un tel mal ne se reproduirait plus dans l'avenir; la nation vit avec terreur ce qui la menaçait sous un pareil ordre de choses, quand aux inspirations de l'égoïsme le plus cruel, se joindrait encore la crainte de l'influence étrangère, menaçant quelque partie du territoire ou s'en emparant violemment; quand la séduction attrayante soulèverait la personnalité, ou quand une diplomatie rusée sèmerait la discorde et mettrait de grands prix à la trahison de la patrie. De ce moment le bâton fatal était rompu sur cette constitution (2), et l'Allemagne se

(1) La disette de 1816 a exercé ses fléaux bien plus encore en Allemagne que partout ailleurs. Chaque État défendit l'exportation vers l'État voisin, qui, de cette manière, ne put obtenir aucuns secours. Qu'on se figure les départements français refusant l'un à l'autre toute circulation des grains, on saura ce qui eut lieu en Allemagne. (*Note du traducteur.*)

(2) On sait que du temps de la féodalité on rompait un bâton sur la tête de l'homme condamné à mort. Cet usage fut conservé long-temps en Allemagne.

(*Note du trad.*)

vit trompée dans l'espoir si juste de voir cesser sa malheureureuse division. L'opinion ressentit profondément tout ce qui eut lieu ensuite, mais sans s'étonner de ce qui était l'effet inévitable du premier principe, elle vit se détruire toute tentative d'une activité réelle; elle entendit les réclamations les plus équitables retentir sans qu'on leur accordât une juste attention; les affaires les plus pressantes, les plus importantes, les plus riches en conséquences, se perdaient dans de vaines formules, dans des retards indéfinis, et dans des machinations de l'égoïsme et du caprice. L'opinion jugea tous les actes de la diète sur la liberté de la presse, sur la contrefaçon, sur le système des constitutions, sur la compétence, sur la protection de la navigation de l'Allemagne; enfin elle vit le système de douanes et de péage, créé pour ranimer le commerce, semblable aux serpents attachés au Laocoon, envelopper le père et les enfants, et les étouffer froidement l'un après l'autre. Le jugement de l'opinion passera à la posterité.

La nation, ainsi trompée dans sa juste attente, et sentant la honte d'être ainsi jouée, se vit forcée de ne plus s'attacher qu'aux constitutions particulières des différents États de la confédération; elle mit toute sa force, et en cas de refus, tout son orgueil à parvenir à ce but, lequel plus tard pouvait devenir un nouveau point de départ, pour obtenir ce à quoi elle renonçait momentanément. L'article treizième de l'acte fédératif, jeté d'abord dans un moule assez bon, puis rongé chaque jour avec tout l'art possible, était entré enfin en circulation dans sa forme actuelle, sans empreinte et tellement douteux, que plus tard on osa pendant quelque temps expliquer sa légende comme ne donnant aux peuples que le droit d'attendre. En outre de cet article, le roi de Prusse avait ajouté à l'édit de mai 1814, qui arrêtait la forme de la représentation future, la patente du 5 avril, qui fixait la constitution dans ses bases générales.

Déjà dans un autre pays allemand, dans le Wurtemberg, on avait commencé l'œuvre de la constitution; nulle part ailleurs on n'avait poussé plus loin le dogme absurde du pouvoir absolu; ainsi *c'était là* qu'avant tout devait se montrer l'opposition la plus violente. Lorsque le roi eut remarqué, du congrès de Vienne, les mouvements de la nouvelle époque, il lui parut facile de contenter ses prétentions avec quelques sessions *libérales* en apparence, sans céder pour cela un pouce de terrain de l'autorité arbitraire. Le pouvoir, qui jusqu'alors avait exercé le despotisme dans des formes despotiques, crut avoir assez fait en plaçant dans ces formes une liberté illusoire octroyée par sa toute puissance, comme Napoléon avait fait au 18 brumaire; de cette manière, le despotisme, au lieu de rétrograder, aurait atteint le sommet de l'arbitraire, ordonnant une soi-disant liberté par des ordres de cabinet. Ainsi on commanda dans le Wurtemberg la première constitution, et on convoqua l'assemblée des états.

Mais dans ce pays, existaient encore une foule d'hommes qui avaient vu les derniers rayons de la liberté prête à s'éteindre, et dans ces hommes se développa, par la nature des choses, cette opposition qui, s'appuyant simplement sur l'ancien droit, refusa de reconnaître l'usurpation avec ses suites comme un fait constituant un droit quelconque, et qui, se plaçant sur le terrain fortifié de l'histoire, dénonçait hautement à l'univers le parjure du pouvoir usurpateur. Le pouvoir mal affermi, dont le bras était désarmé par la chute de celui qui le soutenait (1), ne pouvait s'opposer à cette masse de lumière, de force, d'énergie, et de bon droit, et la cour, après avoir

(1) On sait que c'est par le secours de Napoléon que le roi de Wurtemberg détruisit la belle constitution de ses États et soutint son intolérable despotisme.

lutté inutilement pendant quelque temps, accorda enfin les douze articles bien connus, dans lesquels elle offrait au moins une liberté sincère.

La lutte sur la forme durait encore, lorsque le vieux roi mourut. Son successeur, ne possédant l'usurpation non comme acquisition mais seulement comme héritage, commandait plus de confiance. Les douze articles furent étendus dans une constitution qui fut présentée aux états. Mais dans la chaleur du long conflit s'étaient réveillées des passions personnelles, qui donnèrent sans cesse un nouvel aliment aux soupçons enracinés dans les esprits. Les états se méfiaient d'une œuvre qui n'aurait été fondée que sur le bon plaisir et la volonté du prince, bonne à la vérité, mais par sa nature même, inconstante; ils exigèrent que la constitution fût établie sur le terrain de leurs antiques droits, de leur histoire et de leurs antécédents, afin qu'appuyée ainsi sur la sanction des siècles passés, elle obtînt une légitimité plus grande encore que la dynastie même. La cour, convaincue cette fois-ci de ses bonnes intentions, fut inquiétée d'une opposition qui, dirigée contre beaucoup de choses bonnes en elles-mêmes, et que le parti opposé ne méconnaissait point, lui parut entièrement insensée; les états de leur côté, dans la conscience de leur bon droit historique, qui devait être plus fort dans leur esprit, qu'une disposition favorable du présent, ne voulurent en aucune manière se désister de leurs prétentions; ils jugèrent sainement qu'il fallait dédaigner même la faveur du moment quand il fallait l'acheter au prix de tout le passé, et qu'on devait regarder ce que le peuple avait possédé par droit d'indigénité, comme une souche à laquelle on devait attacher toutes les tiges nouvellement venues.

Dans la lutte qui s'engagea alors, se réunirent, comme cela arrive ordinairement, à la partie qui défendait les antécédents, le misérable endurcissement qui s'attache aux accessoires; l'esprit resserré qui ne sait distinguer l'essentiel de l'accidentel; la vue limitée qui ne peut s'élever au-dessus de l'horison ordinaire; l'amour-propre et la pédanterie qui a aussi son fanatisme; de l'autre côté se soulevèrent pour la défense de la production du moment avec ce que notre temps a de louable, ce qu'il a produit de faux et d'absurde; cette témérité orgueilleuse qui passe sur les choses, les situations, et les rapports; cette généralisation fantastique de tout ce qui est spécifique dans des abstractions universelles; enfin, la légèreté qui renverse tout dans son inconstante et continuelle inquiétude, afin que rien ne puisse acquérir de la consistance et de la force.

Dans ce conflit violent, la crise ne devait point se faire attendre; elle arriva, et le roi, accoutumé comme général aux vives attaques, mais oubliant l'ancienne maxime de la guerre, de construire un pont d'or à l'ennemi en déroute, se décida à donner ce répit de huit jours, qui ne laissa plus de choix à l'assemblée des états. Celle-ci, convaincue qu'une constitution ne peut se fonder que d'une manière constitutionnelle, et qu'alors seulement elle est durable; convaincue qu'une liberté *donnée par ordre*, et qui dans le fait commencerait par un acte de servitude, n'offrait aucune garantie pour sa durée, rejeta pour la seconde fois la constitution imposée à une grande majorité, possible par cela seul que les communes ne s'étaient point séparées de la noblesse sur des prétentions futures, mais avaient sagement soutenu d'un commun accord la lutte contre la cour.

Si les défenseurs du pouvoir absolu triomphèrent de cet événement, ils n'avaient jamais montré une ignorance plus complète. Deux constitutions rejetées l'une après l'autre, la première pour le fonds, la seconde pour la forme de la présentation; une cour appelant de cette décision, et cela envain, aux assemblées primaires; cette unité de sentiments dans tous ceux intéressés dans cette œuvre, tout cela avec la certitude que les négociations rompues devaient être reprises tôt ou tard, n'étaient point des événements dont ils devaient se réjouir, surtout puisque l'esprit du temps s'y déploya d'une manière si énergique. La conduite des états wurtembergeois prouve quelle sécurité et quelle confiance étaient déjà acquises à la cause du peuple; quelle puissance et quelle force étaient entrées dans le temps et dans les circonstances, puisqu'on pouvait rejeter sans danger des conditions si acceptables. Cette conduite fut en même temps un grand exemple pour l'Allemagne; elle lui apprit comment il fallait mener la grande lutte des libertés qui ne peuvent vieillir, contre l'arbitraire tombé en caducité. Là encore se montra en petit ce que l'histoire montre partout en grand; chaque fois que les choses sont poussées à une extrémité, une opposition se crée en secret et se fortifie en secret; et quand le despotisme ou le crime se croit parvenu au but long-temps désiré, elle se montre tout d'un coup, et renverse l'ennemi qui ne l'attendait point.

Dans les siècles où l'usurpation sur les droits

des hommes croyait n'avoir plus rien à ménager, se forma, d'éléments d'abord imperceptibles, cette puissance qu'on appelle l'opinion publique. A peine eut-elle acquis de la consistance, qu'elle se souleva contre les abus de pouvoir, l'égoïsme insatiable et l'avilissement moral des cours. Lorsque la révolution se précipita sur la société européenne, elle porta avec ses excès le principe de l'opposition contre ces excès mêmes. Les peuples, conduits d'abord au combat contre la révolution, entraînés ensuite par elle, puis victimes du despotisme né dans son sein, se laissant long-temps mener à la mort vers l'Orient et vers l'Occident, toujours le jouet de l'arbitraire, et sacrifiés à de vils intérêts, se soulevèrent enfin pour l'indépendance lorsque les éléments aveugles eurent commencé l'œuvre de la Providence, et lorsque que le sentiment de leur force se fut éveillé en eux. L'opinion prouva alors qu'elle était devenue une puissance, non encore représentée à la vérité au congrès, mais y dictant des promesses et les concessions de l'article 13. Dans les événements du Wurtemberg elle avait eu pour la première fois séance et voix pour reconquérir les antiques droits des peuples; elle avait été mise à l'épreuve et, certaine désormais de sa force, elle jeta des regards mécontents sur ce qui s'était passé dans l'Allemagne septentrionale.

Là on vit le gouvernement prussien qui, pendant quelque temps, paraissait avoir agi pour le salut de l'Allemagne, d'après les maximes de son anti-Machiavel (1), feuilleter de nouveau les livres de l'adroit Florentin, afin d'y trouver les principes qui ne fussent point entièrement opposés à tout esprit de justice. Deux partis existants dans toute l'Allemagne, s'étaient réunis en Prusse vers la fin de la guerre, parce que dans ce pays, où tout avait été absorbé par le despotisme militaire, leurs intérêts et leurs principes étaient moins opposés que partout ailleurs. Ces partis étaient, l'un celui de Frédéric-le-Grand, qui formait la majorité, l'autre celui des novateurs napoléoniens, tous deux également ennemis de la liberté, et partisans du pouvoir absolu.

Nous ne sommes point assez injustes pour comprendre dans la même condamnation les deux éléments de cette coalition, réunis souvent dans la même personne. De tous les États allemands, la Prusse seule avait eu dans les derniers temps une histoire; seule elle avait donné un grand

(1) Ouvrage composé par Frédéric-le-Grand.
(*Note du traducteur.*)

homme au siècle. Le laurier qui ceignait son front n'était point une couronne civique, et son glaive avait été rougi du sang des Allemands; mais il ne fut point le premier qui versa ce sang, et l'ordre que son bras renversa, était déjà ruiné dans ses bases et près de sa chute. On lui a reproché, non sans raison, qu'il a introduit des mœurs, des idées et des maximes étrangères, et souvent impures; mais on ne devait point oublier que ce qu'il trouva autour de lui était en grande partie inculte, sans étendue ni grandeur, et pédantesque d'une manière insupportable; et que ce qu'il introduisit de l'étranger, quoique reconnu par les progrès de la raison comme entaché de frivolité, était néanmoins cultivé par des hommes spirituels, et devait paraître alors une émancipation hardie et digne d'éloges. Soumettant tout à ses seules vues, il introduisit dans tous les rapports publics ce mécanisme écrasant qui, maintenant encore, tient la Prusse enchaînée, comme par une paralysie incurable; mais ce n'était point sa faute si les temps qui le suivirent ne surent point reconnaître ce qui leur convenait, et s'ils conservèrent avec un respect religieux, comme le palladium de leur salut, ce que son génie aurait rejeté avec dédain s'il avait vécu à une autre époque.

Que la piété offrît au passé le sacrifice pour les morts, cela n'était point blâmable; il était juste de ne point sacrifier légèrement à l'esprit d'innovation, ce qui se trouvait de bien dans les temps antérieurs; mais on ne devait point oublier que la Prusse n'était point restée la même depuis que des éléments nouveaux en faisaient partie ; que sa situation morale était bien plus changée encore par la révolution dans les idées ; et enfin, que des droits positifs et des promesses non équivoques séparaient le présent du passé.

Mais l'exemple de l'Espagne était trop séduisant alors pour les gouvernements ; les vieux abus y étaient rentrés si facilement et si ouvertement, les innovations avaient été exilées si vite, le peuple était rentré si promptement dans ses anciens rapports, qu'une victoire si facile et un succès si brillant devaient inspirer l'émulation et l'envie. A la vérité, la même tentative avait si totalement échoué en France, que la minorité qui voulait la contre-révolution s'était vue bientôt vaincue à la première attaque et chassée du pays. Cependant, chacun pouvait nourrir la confiance de réussir comme le gouvernement de l'Espagne, plutôt que d'échouer comme le parti aristocratique en France. Et même, dans ce dernier pays, le parti qui avait fait une si triste expérience, ne perdit point courage. Dès que les Puissances alliées eurent relevé les débris que l'explosion avait dispersés, ce parti crut n'avoir échoué que par une trop grande modération ; la tentative interrompue fut reprise avec plus d'ardeur jusqu'au moment où, comme chez nous, l'opposition déploya toutes ses forces, et où le Gouvernement et ses amis se virent menacés d'une catastrophe nouvelle.

On désirait, mais presque sans espoir, que la Prusse s'épargnât une pareille tentative. Dans ce pays, on s'occupait depuis long-temps de l'existence d'une société secrète, appelée l'Union de la Vertu, formée pour obtenir la liberté, et pour éloigner de la patrie tout assujettissement, surtout celui venant de l'étranger, sans cependant infirmer la fidélité due aux souverains légitimes. On prétendait que cette réunion consistait en différents degrés distingués entre eux par des signes particuliers, des devoirs et des attributions. Tous enchaînés à la société et à leur but particulier par le serment le plus solennel, devaient, sans que l'un eût connaissance de l'autre, n'obéir qu'aux chefs, et ceux-ci au grand-maître ; de celui-ci émanaient tous les ordres, et dès qu'un membre se serait chargé volontairement de leur exécution, il devait s'abstenir, dans une confiance aveugle, de rechercher les raisons qui les avaient fait donner. Tous les secrets de l'Union, inaccessibles également à la crainte et à l'espoir, devaient être conservés sous peine de mort, sans qu'aucune puissance humaine pût protéger le traître contre la vengeance de la société.

Il est possible que du temps de l'oppression étrangère, des plans pareils se soient formés dans quelques têtes, et même qu'on ait essayé de les mettre en exécution. D'après un vieil artifice, les plus forts ont pu alors faire accroire aux moins instruits la fable d'une pareille société entièrement formée, afin de les éveiller de leur lâcheté et de leur faiblesse, qui perpétuaient le joug des Français par la crainte et par l'attrait de cette illusion. Les faibles se complurent alors dans la pensée d'un secours secret; l'ennemi s'inquiétait des bruits qui en parvenaient jusqu'à lui; le Gouvernement lui-même parut observer, et partager avec plaisir cette utile croyance. Maintenant on se la rappelle en temps opportun, afin de la tourner comme une arme contre ses inventeurs. La méfiance paraît être un mal inséparable de la position des princes, et un des maux qui leur sont échus dans l'ordre des choses pour compenser tant d'avantages dont ils jouissent seuls parmi les hommes.

« Vraiment, dit Baco de Verulam, elle est malheureuse, cette disposition d'esprit, dans laquelle on ne désire que peu et on craint beaucoup, et cependant voilà en général la disposition des rois, qui, placés au plus haut dégré, ne voient rien qu'ils puissent désirer, ce qui rend leur esprit paresseux; mais qui, au contraire, sont inquiétés par de vaines images de dangers, et par des fantômes sans réalité, ce qui attriste leur esprit : de là vient que le cœur des rois est impénétrable, comme dit la sainte Écriture, parce que le grand nombre de soupçons et l'absence d'une affection dominante, obscurcissent l'esprit, et rendent difficile de pénétrer les pensées. » C'est sur la méfiance des princes qu'on fonde à la cour les trames les plus perfides.

Bientôt après la seconde paix de Paris, un employé supérieur remit au roi un manuscrit volumineux de vingt-une feuilles, intitulé : *Qu'avons-nous à craindre où à espérer des sociétés secrètes en Allemagne?* Dans cet écrit, l'Union de la vertu fut dénoncée sous tous ses rapports dangereux. L'auteur indiquait comment les hommes les plus influents de l'État y étaient compromis directement ou indirectement, et comment ce qui n'avait que peu contribué à sauver la monarchie, menaçait maintenant son repos et son existence par les menées les plus dangereuses. Pendant la guerre, disait-il, l'Union avait su mettre en circulation une foule d'idées pernicieuses; et par les cessions, que le malheur avait imposées au Gouvernement, un esprit d'audace avait soulevé la tête, et des vues étaient entrées dans le peuple, qui anciennement lui étaient étrangères. La Prusse, comme tout État militaire, était d'après son opinion, essentiellement monarchique, et tout ce qui tendait à troubler la sureté de la monarchie, compromettait l'existence et le salut de l'État. Il indiquait ensuite les moyens de réprimer le mal, comment il fallait couper à la racine des espérances que toute saine politique défendait de réaliser, comment il fallait éloigner peu à peu les hommes devenus dangereux par leur popularité, les hommes d'état en leur donnant des missions diplomatiques éloignées, les généraux en les mettant adroitement de côté, les membres inférieurs, en les privant de suite de toute influence. Enfin, l'auteur indiquait tous les moyens d'une politique infernale et rusée que Dieu permet aux hommes de notre temps de développer quand ils veulent perdre quelqu'un sans bruit et dans les ténèbres (1).

(1) Afin de donner un exemple de la légéreté avec laquelle agissent les gens de cette espèce en pareille

Le roi, dont on avait adroitement soulevé la justice contre quelques hommes et contre leurs intentions, s'effraya de l'abîme qu'on lui montra ouvert sous ses pieds, et le parti anti-constitutionnel

occasion, et afin de donner en même temps un avertissement à l'occasion des poursuites contre les conspirations nouvellement découvertes, je cite ici un passage de ce rapport qui se trouve à l'avant-dernière page; l'auteur entreprend de répondre à la question : Qui peut-on gagner à la cause royale? Et il dit : « Les membres de l'Union de la vertu reçoivent tous ceux qui ont des talents et de l'influence, sans considération de leur moralité. Sans cela auraient-ils souillé leur honneur par la réception d'un Reisach, d'un Gruner, d'un Goerres? Le premier se sauva de la Bavière comme un criminel: le second viola, en 1812, sa parole d'honneur, et mit l'État auquel il avait des obligations, dans le plus grand danger; il épousa la maîtresse d'un Français, etc. Goerres fut jusqu'en 1813 un agent français; il écrivit alors dans le sens des jacobins, comme actuellement dans le sens des hommes de l'Union germanique. » On m'a nommé M. de B... comme celui qui, d'après ses vues, son opinion et sa position d'alors, a composé, selon toutes les probalités, ce rapport. J'écrirai son nom en toutes lettres quand j'aurai acquis la conviction qu'il est réellement l'auteur de cet écrit. Maintenant je me contenterai de déclarer l'auteur, quel qu'il soit, pour un infâme et méprisable calomniateur; non à cause de ce qu'il dit sur mon compte, puisque je ne crois point mon honneur compromis par ces calom-

proclama ses vues autant qu'elles pouvaient être communiquées au public, dans l'écrit devenu fameux de Schmalz. La manière dont cet écrit fut reçu en Prusse et dans toute l'Allemagne, put dès la première tentative, apprendre aux instigateurs de l'écrivain, ce qu'ils avaient à espérer. Une inquiétude générale mit à l'instant même l'opinion sous les armes. Jamais la supériorité décisive de la vérité, du talent et de l'énergie sur la lâche et perfide méchanceté ne s'était montrée aussi victorieusement; jamais une défaite n'avait été plus complète et plus humiliante. Le parti battu dans tous les genres de combats, consterné d'une défense si inattendue, et d'ailleurs peu pourvu de courage, se réfugia derrière le trône, dans l'impossibilité où il se trouva de calmer autrement que par un acte d'autorité le mouvement qu'il avait excité d'une manière aussi coupable qu'imprudente. Le roi défendit de parler dorénavant de cette affaire : décision indigne également de la majesté, qui ne doit jamais prendre parti, et de la nation, à laquelle on ne peut interdire de parler librement des af-

nies de cabinet, mais pour cette femme irréprochable que j'ai dû nommer, et qui trouve dans l'estime de la ville de Coblentz où elle a été élevée, la meilleure satisfaction d'un infâme mensonge.

faires publiques, et surtout quand il s'agit d'accusations rendues publiques.

L'impression produite sur toute la nation par ce scandale révoltant, ne pouvait être méconnue; comme de juste, elle avait pris à cœur une dénonciation publiée si pompeusement, et lorsque l'accusation de trahison s'était perdue en fumée et en vapeur, à la honte des accusateurs, lorsque la nation eut pénétré facilement à travers ce tissu si grossier, elle n'aperçut partout que la plus noire ingratitude, et, dans la tentative échouée, qu'un essai pour ramener l'ancien état de choses abhorré et devenu absurde. Ainsi, dès ce moment fatal, la méfiance endormie se réveilla, et on commença à surveiller le Gouvernement avec des yeux attentifs, afin d'obtenir une certitude entière sur ses intentions.

Malheureusement les événements qui eurent lieu immédiatement après, prouvèrent que le parti était réduit au silence, mais qu'il n'avait point renoncé à ses intrigues ni à ses desseins. Il parut au contraire que tout ce que le rapport déjà cité proposait au roi, commençait à être mis en exécution. Un général estimé fut éloigné du commandement (1) et on excita contre lui

(1) Le général Gneisenau. Voyez le *Tableau politique de l'Allemagne*. (*Note du traducteur.*)

dans les journaux, surtout dans le Journal Général d'Auxbourg, toute la meute de ces chiens, qui, enchaînés depuis la chute de Napoléon, n'avaient pu encore trouver une proie. On les entendit crier de Wallenstein, on avait même trouvé déjà le Seni et Piccolomini; rien en un mot ne manqua à cette misérable parade qu'ils donnèrent aux yeux de l'Allemagne indignée. En même temps on commença dans ces journaux à préparer les esprits à ces honteuses interprétations faites pour prouver que le roi n'était point tenu d'observer sa promesse, et qu'il pouvait ne point donner de constitution, ou n'en donner qu'une illusoire. Ces articles, dans des journaux qui paraissent officiels, continuent depuis quatre ans, et leur vil langage a, plus qu'on ne peut croire, aigri et animé les esprits. Le Gouvernement paraît n'y avoir point aperçu la calomnie contre le trône et le crime de lèse-majesté; au moins, jusqu'à cette heure, la gazette de l'État ne les a point réfutés.

Dans le même temps devait avoir lieu l'organisation des provinces du Rhin, dépeintes dans les rapports de proconsuls orgueilleux comme des foyers de menées révolutionnaires. Il parut important de leur appliquer les principes du parti et d'éteindre au plutôt cette flamme dangereuse. On commença l'œuvre d'après ce système arbitraire et violent qu'on semble préférer. Tous les droits indigènes furent foulés aux pieds, tous les intérêts blessés, les promesses éludées par des explications sophistiques; les propositions mêmes des commissaires du Gouvernement furent méprisées, et le tout fut terminé d'après l'opinion de deux ministères, ignorant entièrement les relations de ce pays. Ces provinces, déjà aigries par les événements antérieurs, inquiétées par la méfiance générale à peine calmée, et fortifiée alors de nouveau, avaient attendu le Gouvernement à ce point; et lorsqu'il se conduisit comme en Pologne, le temps de la vieille Prusse parut être revenu, et avec lui sembla juste le retour de la vieille haine. Une première violation des promesses les plus solennelles avait eu lieu, alors il parut naturel de s'attendre à tout; la confiance était perdue, l'opinion, jusque là favorablement disposée, s'arma pour la résistance, et depuis ce moment se développa dans ces provinces cette opposition qu'il serait difficile maintenant de calmer.

Dans les autres parties de l'Allemagne septentrionale, on n'avait point obtenu des résultats plus satisfaisants. Dans les provinces de Holstein et de Lauenbourg, formant la péninsule Cimbrienne, se trouvait réunie depuis 1816, une commission composée de députés de prélats, de l'ordre équestre, des villes et des bailliages, et convoquée pour délibérer sur les propositions de constitution faites par la cour. Cette délibération, malgré la bonne volonté des états, n'est parvenue encore à aucun résultat. Le roi de Danemarck, en refusant d'étendre la constitution future au duché de Schleswig, montra qu'il n'était nullement disposé à rien faire de plus qu'il n'était tenu de faire, d'après les traités signés par lui; en ne voulant accorder aux états futurs qu'une voix délibérative, il prouva qu'il ne voulait expliquer ces traités que d'une manière favorable au pouvoir arbitraire.

L'influence du siècle ne pouvait se faire sentir beaucoup dans le pays de Mecklembourg, où un ordre de choses fondé depuis des siècles était resté inébranlable jusqu'à nos jours; où une puissante noblesse s'est partagé les terres comme des plantages dans les Colonies sur lesquelles les paysans travaillent comme serfs; où la classe mitoyenne libre n'a point encore acquis le pouvoir de faire valoir les prétentions auxquelles les progrès de la civilisation l'autorisent. Ainsi une loi organique de l'État publiée par les deux maisons régnantes, ordonna simplement que dans toutes les discussions avec les états, la volonté du Gouvernement ferait loi. La résistance qui se montra contre cet ordre de choses, ne pouvant s'appuyer sur des antécédents historiques, et fondée seulement sur des idées générales, n'obtint aucun résultat. La proposition naïve des députés du peuple, de changer les sujets en citoyens exerçant leurs droits par délibération immédiate ou par délégation, et de détruire à la fois la noblesse héréditaire et la servitude, fut repoussée, ainsi qu'on devait s'y attendre, mais en termes un peu superbes, comme arrogante et ridicule.

Dans le royaume de Saxe, on avait rétabli l'ancienne constitution des états, œuvre confuse, débile et presque absurde du dernier siècle. La représentation entièrement aristocratique, convoquée d'après cette constitution, devait être disposée à agir d'après l'exemple du Gouvernement et à exclure toute amélioration sous prétexte de prudence. Il n'y fut question que légèrement d'accorder le droit de représentation aux paysans, de faire des députés des villes de véritables représentants, et d'admettre aux états les propriétaires fonciers exclus jusqu'alors. Ainsi, le Gouvernement n'accorda aux états qu'une voix délibérative, et ne leur reconnut aucune compétence d'initiative ni même le simple *veto* ; il se refusa à la réduction proposée pour l'armée permanente; quant à la demande de soumettre aux états un rapport sur les dépenses et les revenus, on déclara que le roi, dans son règne de cinquante ans, n'avait jamais exigé des impôts au-delà des besoins du trésor, mais qu'il avait accepté avec reconnaissance les dons accordés par les états.

Dans le Hanovre aussi, les progrès du siècle n'avaient point été assez forts pour empêcher l'antique et puissante aristocratie de reprendre toute l'étendue de son ancienne influence. Avec elle était rentré l'ancien esprit du Gouvernement; juste et bien intentionné à la vérité, mais attaché aux formes usées, lentes et confuses, ne s'opposant point aux prétentions du siècle, mais ce qui est plus déplorable encore, les ignorant entièrement. Une assemblée des états qui proscrivit la publicité, et dans laquelle régnait uniquement la force d'inertie, ne pouvait changer le mouvement oscillatoire en mouvement progressif. Toutefois le gouvernement hanovrien, poussé par cet esprit du temps auquel personne ne peut se soustraire, acquiesça à quelques innovations utiles et louables. Ce qui restait des domaines ecclésiastiques fut confié à une administration économique et sage, et leurs revenus furent destinés aux besoins des églises et à l'éducation publique. L'exemption de payer l'impôt fut abolie, mesure bonne, mais favorable surtout au fisc, puisque la masse des impôts ne fut point diminuée. On accorda une diète aux sept seigneuries de la Frise orientale, et on rétablit les magistrats dans la capitale de cette province. On abolit la torture et le serment de purification; on mit en question l'introduction du jugement par jury. Tout cela, quoiqu'imparfait, mérita néanmoins la reconnaissance du peuple.

Dans la Hesse s'étaient joints aux avantages du retour désiré du vieux prince, les désavantages inséparables d'un malheureux attachement aux formes vieillies, désavantages d'autant plus grands, que le prince avait conservé sa passion d'amasser des trésors. Aussi la misère générale revint avec la ridicule importance donnée à l'armée. Aussi toutes les négociations entamées avec les états furent rompues dès qu'il s'agissait de séparer le trésor de l'État des propriétés particulières du prince; et à ce sujet il s'éleva une lutte qui rappela dans les esprits les souvenirs les plus pénibles de l'ancien temps. Aussi une constitution fut offerte au prix d'une somme d'argent, et l'achat n'ayant point eu lieu, on passa sous silence l'article 13 de l'acte fédératif; conduite qu'on pourrait retrouver dans l'ancien temps, mais qui ne mérite pas qu'on la renouvelle dans le nôtre. Aussi l'affaire des aquéreurs de domaines, convenablement terminée dans le Brunswick et le Hanovre, devint un scandale public dans la Hesse, dont le souverain fit dans sa propre cause des lois nouvelles pour les tribunaux, et confondit avec une dureté obstinée, le juste avec l'injuste. Aussi tous les abus les plus révoltants de la justice et de l'administration ne furent pas attaqués. La Hesse, devenue entièrement stationnaire, se sépara peu à peu de la communauté des États de la fédération, et sembla mériter le reproche d'insouciance pour les intérêts communs, reproche qu'on lui fit plus qu'aux autres États.

La marche des événements dans l'Allemagne septentrionale ne pouvait tranquilliser l'opinion, qui soupire après des institutions populaires et solides pour le moment actuel, et après la sécurité pour l'avenir, qui ne peut naître que d'un esprit public enveloppant toute la nation. Sans doute le repos et la douce tranquillité sont nécessaires à cette époque, fatiguée par des commotions terribles; mais ce repos ne doit point être celui de l'inertie, il doit être celui de la sagesse qui, à pas mesurés et avec peu d'efforts, marche à son but. L'opinion reconnut que l'Allemagne ne pouvait rien gagner par le retour de cet ordre de choses sans vigueur qui existait avant la révolution.

Certes des orages si violents, dont la trace s'aperçoit encore aux nuages amoncelés sur l'horison, n'ont point passé sur l'Europe pour ramener cet empire de la médiocrité, qu'ils ont renversé; empire dans lequel toute force est traitée de dissonance, tout talent de puissance dangereuse, toute idée, de fléau, toute élévation et tout enthousiasme, de dangereuses folies. Cette roideur, qui tenait immobile toutes les parties nobles de la vie, ne sera plus regardée comme santé; cette immuabilité qui enchaînait les idées ne passera plus pour modèle de civilisation et de sentiments cosmopolites.

Elle ne peut plus nous convenir, cette manière de gouverner qui, dans ses considérations, méconnaît tout ce qui est élevé; qui, sans dignité dans ses actions, ne choisit que ce qui est petit et borné; qui, ne sachant point distinguer le rapport entre les causes et les effets, se trouble à la vue des choses les plus ordinaires, et se laisse entraîner aux mesures les plus précipitées. L'esprit du siècle ne peut point non plus supporter ce pédantisme froid et embarrassé qui ne veut agir que selon la sévère méthode, et qui, à la moindre surprise et dans toutes les choses importantes, ne sait plus se tirer d'affaire, parce qu'alors la règle abandonne ses esclaves qu'elle ne peut secourir.

L'histoire aussi ne peut plus se servir des courtisans usés de cœur et d'esprit, qui se font une étude de l'insignifiance et une affaire de la nullité; elle n'admet plus les ministres qui du haut de leurs bureaux savent commander aux lettres et aux chiffres, mais non aux hommes et aux choses; elle veut ignorer les généraux qui font plus d'attention au fourreau qu'à la lame; elle repousse les employés et les guerriers, dont toute l'énergie s'est perdue dans un apprentissage mécanique : elle nous demande des hommes courageux, distingués et expérimentés, qui estiment les formes selon leur valeur, mais ne s'en font point les esclaves; des hommes qui montent hardiment le fougueux coursier et guident son ardent courage.

Sans doute c'est un des problèmes proposés par le siècle d'établir pour l'avenir la vie publique sur le bien-être tranquille et stable de la masse. Mais avec ce bien-être ne doivent point revenir cette tiède indifférence, cette insouciance paresseuse, cette plate trivialité de sentiments, cette ignorance déplorable, fruits du despotisme. Cet arbitraire de cabinet, inventé en Italie, mis d'abord en pratique en France, et transplanté de là en Allemagne, ne peut remplacer la volonté mesurée, qui est libre, parce qu'elle obéit aux lois, et forte, parce qu'elle reste dans ses limites. Ce système de finances, qui a ruiné l'Europe, n'est point amélioré et changé en institution libérale, parce qu'on a établi l'égalité des impôts, non en les diminuant, mais en les augmentant; et l'avarice, quoiqu'elle s'attache de préférence à la vieillesse, ne devient point pour cela une idée antique, ni un bon principe de gouvernement. Nous ne pouvons conserver un ordre de choses dans lequel les devoirs et les droits, au lieu de se réunir en égale mesure dans les mêmes institutions et les mêmes individualités, sont divisés et distribués inégalement. Notre temps n'a point réclamé le passé pour qu'on le lui imposât de force dès qu'il se trouverait favorable à l'arbitraire et à l'égoïsme, comme cela s'est fait dans le Nord, et pour qu'on le lui refusât, dès qu'il nuirait à l'arbitraire et à l'égoïsme comme dans le Wurtemberg. L'enchantement des conjurations pernicieuses, qui venaient de l'étranger et qui tenaient enchaînées toutes les forces de l'Allemagne, est rompu, et ce pays, réveillé enfin du sommeil léthargique, aspire ouvertement à la possession d'institutions dignes de sa civilisation.

Si les événements dans le Nord avaient fait naître ces considérations, la situation dans laquelle se trouvait le Midi devait en faire naître d'autres d'un genre opposé. Cette partie de l'Empire avait été long-temps l'Allemagne française, puisque les provinces du Rhin furent incorporées à la France dans le temps démocratique de la révolution, et que les principautés de l'autre côté du fleuve lui furent soumises par la Confédération du Rhin, et prirent part à toutes les guerres et à toutes les directions napoléoniennes. Ainsi, pendant que dans ces contrées les idées démocratiques se répandaient dans le tiers-état et y formaient un esprit d'indépendance et de liberté, les cours seules prenaient part à la révolution dégénérée, et la transplantaient en Allemagne dans sa forme despotique.

Cette révolution était un grand jugement de Dieu contre la France pour punir d'abord ce peuple, et puis le reste du monde, d'une longue suite de crimes et d'opprobre, et pour éteindre enfin cette dette de sang qui croissait de race en race, augmentée des intérêts ajoutés par chaque génération. La réformation aussi avait été un jugement de la même nature, afin de punir l'hypocrisie, l'égoïsme, et la dégénération de l'ancienne discipline dans l'Église.

Lors de la réformation, les princes du nord, d'abord entraînés, puis entraînant les autres, avaient su s'emparer bientôt du mouvement populaire : la purification de l'Église avait été le commencement ; la fin fut le pillage honteux de l'Église dans toute l'Europe protestante. La grande idée du trône de Saint-Pierre, miné d'abord par la soif de domination des prêtres, puis affaiblie par leur indolence, fruit de leurs richesses, fut détruite entièrement par l'égoïsme de la réaction. La triple couronne du pape fut partagée entre les princes comme souverains ecclésiastiques ; dans quelques endroits elle tomba en partage à l'aristocratie ecclésiastique, en d'autres, aux communes mêmes. Cette fois-ci les choses s'étaient passées de même. Les cours de l'Occident se liguèrent avec le revers de la révolution, qui était le despotisme le plus illimité. Le pillage de l'autre moitié de l'Église, échappée encore à la réformation, l'oppression violente de tous les faibles, la destruction des anciens priviléges, des droits, des mœurs et des souvenirs des peuples, la perte de l'indépendance, et l'anéantissement total du trône impérial en Allemagne, furent la suite de cette alliance.

Dans ces circonstances, s'était formée une classe d'hommes d'état de toute autre nature que ceux qui avaient survécu dans le Nord au grand mouvement, et qui depuis, s'étaient formés d'après leurs principes. Les derniers, esclaves du passé, ne reconnaissent que ce qui existe, et nourrissent dans leur âme une *profonde* horreur pour tout ce qui est encore à se former. Les premiers ne regardent ni le passé ni même le présent, ils se révoltent contre tout principe positif qui arrête leur inquiète activité. Ceux-là n'osent toucher à ce qui leur a été remis, et se traînant avec des restes déjà tombés en corruption, ils servent comme esclaves sur la terre, à laquelle un temps qui n'est plus les a attachés. Ceux-ci regardent tout ce qui a été comme la proie du tombeau; ils se croient eux-mêmes les maîtres du présent et les tyrans de l'avenir. Appartenant au jour qui les a vus naître, ils espèrent, tout en récusant ce qui a été avant eux, que leur volonté sera une loi pour l'avenir; ils oublient qu'eux-mêmes seront devenus le passé, et que les hommes d'alors les récuseront avec le même droit par lequel ils croyaient pouvoir détruire ce qui datait d'hier. Agissant avec tout ce qui est établi selon leur libre arbitre, ils confondent sans cesse les choses dans un mouvement continuel. Les pensées se succèdent avec rapidité dans l'esprit humain ; et ils veulent que leur monde se change aussi rapidement que la pensée. Dans leur amour démesuré de créer, leurs vues mal assurées doivent s'exécuter et se détruire ensuite, pour faire place à d'autres. Sans repos et comme possédés du mauvais démon, ils confondent les hommes et les choses, afin que rien ne puisse prendre racine et se fortifier par le repos. Comme il ne leur est restée aucune idée de la marche douce et égale dans laquelle la nature perfectionne ses créations, ils ne veulent point la reconnaître, et c'est au mécanisme que s'attache leur impatience. Sous leurs mains, l'État devient une machine à vapeur, et dans sa colonne ils montent et descendent comme une vapeur brûlante qui fait mouvoir avec un bruit épouvantable les grands leviers, afin que la machine frappe monnaie, et qu'elle pompe, qu'elle cloue, qu'elle file, qu'elle écrive, et qu'elle se renouvelle tout en même temps. Dans ce mécanisme, sous lequel tout est devenu ligne droite et nombre, il faut que toutes les lignes aboutissent à un point central, et tous les nombres à une unité, afin que l'arbitraire puisse compter et diriger du centre, selon son bon plaisir, sans qu'aucun rapport humain ni civil puisse se flatter de conserver une indépendance gênante. Tout est sacrifié violemment à l'idée dominante du moment ; rien ne peut être assez fermement établi pour que leur fureur d'organiser ne parvienne à le renverser. Toutes les choses grandes et nobles qui ont jeté des racines profondes dans le temps, et qui veulent rester sur cette base, leur paraissent coupables de rebellion, et ils excitent tous les éléments afin de les déraciner et les détruire, pour que rien ne reste que le travail de géant qu'eux-mêmes ont peint en perspective. Comme il ne s'agit ni de fidélité, ni d'amour, ni de mœurs, ni d'habitudes, ni de piété dans leurs ouvrages, auxquels il ne faut que ce qu'ils appellent le bon-sens, ils peuvent traverser sans pitié toutes les relations humaines, et faire marcher d'un bout à l'autre, sur leur échiquier, les pions, les tours, les cavaliers, et même les fous.

Leurs constitutions ne sont point des unions sociales contractées par des hommes libres pour établir des liens mutuels de droits et d'intérêts ; ce sont des constitutions de papier sur lequel ils ont écrit leur volonté et leurs pensées. Aussi aucune bénédiction ne repose sur leurs œuvres parce qu'elles ne sont bâties que sur le vide; chaque lendemain détruit ce que la veille avait construit: tourmentés par de vains soucis, ils doivent, comme Saturne, dévorer sans cesse leurs propres enfants. Doués pour la plupart d'énergie, de volonté et de talent, ils auraient pu guérir les plaies de la patrie; mais entraînés par la corruption des cours, ils lui sont devenus un venin rongeur.

C'est parce que leur esprit violent et impétueux s'est emparé du timon des affaires dans une moitié de l'Allemagne, tandis que l'autre moitié est toujours sous le joug des hommes d'état du système opposé, que nous voyons la patrie dans cet état déplorable où un côté paraît frappé d'apoplexie, tandis que l'autre est tourmenté par des mouvements sans fin et sans but; et tandis que dans une moitié le Gouvernement, toujours dans un état d'asthénie, est plongé dans des rêves ténébreux et vides de sens, l'autre moitié dans un état d'hypersthenie, se fatigue dans un délire fantastique et extravagant.

Tout ce qui s'est passé en Allemagne du temps de la Confédération du Rhin est encore présent à la mémoire, et rappeler le souvenir désagréable de ces événements, serait à la fois inutile et odieux. Lorsque l'empire de Napoléon fut tombé et que l'opinion s'éleva avec violence contre les cours qui avaient adopté son système administratif et politique, il s'y forma une réaction, née de divers motifs. La douce habitude du pouvoir absolu exercé jusqu'alors se trouva entièrement en opposition avec les nouvelles prétentions du temps, tandis que la bienveillance, que les Allemands renient difficilement, faisant sentir les remords de la conscience, combattait l'orgueil offensé. Cet orgueil, de son côté, s'efforçait de maintenir ce qui existait, contre l'ordre de choses qui menaçait d'envahir l'État, et il rebutait avec dureté ceux qui faisaient valoir de vieilles prétentions.

Dans cet embarras, les hommes d'état du nouveau système qui avaient présidé à la révolution faite d'après les principes napoléoniens, offrirent un plan de conduite fort commode, en suivant l'exemple qu'avait donné leur maître lors de son retour de l'île d'Elbe. Ils se jetèrent du côté du parti libéral, mais avec toutes les réserves nécessaires. En faisant quelques concessions inévitables on avait fait preuve de bonne volonté, on s'était tranquillisé la conscience, et on avait ainsi satisfait aux prétentions les plus pressantes. Quant aux prétentions dont l'échéance devait avoir lieu plus tard, on commença à leur faire subir une réduction, puis on fit une riche provision de ces papiers et de ces phrases qui n'ont jamais leur valeur nominale, et on établit un magasin bien fourni de ces hochets de vil métal, mais dorés et argentés, qui servent d'amusement à l'esprit du temps comme la poupée à l'enfant. Ce sont ces faveurs qui ne coûtent rien, mais avec le nombre desquelles on fait parade; ces libertés qui existent sans qu'on les accorde ou qui servent l'arbitraire qui leur donne l'existence; ces concessions, sagement neutralisées par des lois d'exception; enfin, toutes ces formules vides de sens et ces mensonges à grande apparence avec lesquels la vanité aime à s'orner, et tous ces subterfuges dont la prudence humaine croit avoir besoin dans les affaires publiques. Lorsque ces marchandises eurent trouvé des amateurs, on conçut également l'espoir de racheter avec elles les premières concessions. La conséquence était juste; l'arbitraire, ayant pris la forme prescrite par la mode du temps, devint de nouveau un article de très-grand débit.

Ainsi, le grand duché de Nassau avait obtenu antérieurement au congrès, une constitution, à laquelle il y avait peu à blâmer en théorie, mais qui, en pratique, a produit peu de bons résultats. Sous le prétexte que le changement continuel des rapports territoriaux ne permettait point la convocation des états, la constitution resta trois ans suspendue, et on profita de ce temps afin d'établir tout l'appareil nécessaire, pour éteindre et comprimer toutes les passions terribles et toutes les *menées démagogiques* qui sans doute allaient se développer dans l'assemblée législative. Pour cette raison, on déclara que cette assemblée serait *constituée*, mais aucunement *constituante ;* et on ne lui accorda aucune part à la formation des institutions amenées par un changement total de tous les rapports intérieurs. On se contenta d'exiger le consentement des états aux édits les plus importants sur des objets auxquels leur coopération était d'autant plus nécessaire, qu'il y avait plus de parties et d'intérêt dont le tout devait se composer.

Afin de se mettre à l'abri du terrible pouvoir et du caractère violent de *vingt* représentants élus par le peuple, on avait entrepris de fortifier le Gouvernement d'après toutes les règles de l'art militaire. Comme partout ailleurs, le boulevard principal était formé par une foule d'employés puissants, privilégiés, bien payés, portant l'uniforme, soumis comme la noblesse à une juridiction particulière, libérés avec leurs enfants du service militaire, réunis au prince en partie par des liens de parenté, obéissant sans réflexion à tous les ordres du maître, et dirigeant du centre, d'après toutes les règles de la moderne bureaucratie, jusqu'aux moindres affaires des communes, par le moyen des baillis. Un côté faible, consistant dans l'ancienne indépendance du clergé, avait été heureusement couvert, par la centralisation de toutes les affaires ecclésiastiques; et puis en affermant tous les biens paroissiaux, en créant une caisse centrale, on avait transformé tous les membres du clergé en employés d'état à la solde du Gouvernement. Quant aux médecins et aux avocats qui, partout ailleurs, forment deux états indépendants et qui ont joué un grand rôle dans la révolution française, on sut leur ôter tous moyens de nuire : on transforma les premiers en employés de l'État, en leur donnant une solde fournie en partie par les caisses communales déjà épuisées; on ferma aux seconds les tribunaux des bailliages. Les maîtrises et confréries dans les métiers, restes honteux de la féodalité, formant des états dans l'État, et pouvant par conséquent devenir des foyers révolutionnaires, furent détruites. Restait encore la noblesse; et comme dans elle se trouvaient des individus qu'on ne put gagner par des faveurs, et qui conservèrent une indépendance désagréable, on sema, par une louable adresse, une discorde salutaire entre cette noblesse et le tiers-état, en parlant partout d'ultras qui voulaient tout faire *sans* le peuple, et de jacobins qui s'étaient proposé de tout faire *par* le peuple : à ces derniers on opposa la classe privilégiée; aux autres toute l'opposition de la seconde chambre. Alors, quand cette terrible démocratie se trouva réunie, après des choix bien dirigés par des commissaires, le despotisme ministériel put marcher en apparence *avec* le peuple. Pour que cette position imposante ne fût point affaiblie par l'accord des états, qui, réunis, offrirent au prince l'adresse de remercîments, celui-ci protesta en quelque sorte, contre un tel accord comme étant inconstitutionnel.

Quand tout cela fut fait, le commissaire du Gouvernement Ibell, pourvu de toute la force et de l'adresse qu'il devait à sa position, entra, dans toute la supériorité que peuvent donner l'habitude des affaires et une volonté despotique, au milieu d'un petit nombre de députés peu familiarisés avec les affaires, enchaînés et effrayés de tous côtés, et en grande partie dépendant du Gouvernement, et il leur développa tous ses chefs-d'œuvre en affaires, ses décisions et ses créations qu'ils devaient sanctionner et consacrer par leur accession et leur approbation. Comment les petites étincelles du principe démocratique auraient-elles pu se comparer à ce vaste incendie? Quand les états, effrayés d'une curatelle si puissante, demandèrent un *syndicus* pour les guider et les conduire, on voulut considérer cette prétention comme niaise et presque comme un acte de haute trahison. Lorsque quelques contrées du pays firent usage du droit de pétition aux états, que la constitution avait accordé, et qu'elles recommandèrent à leurs députés les véritables besoins du peuple, il s'éleva un cri terrible contre un pareil attentat démagogique, et en même temps une violente persécution contre les auteurs de cette démarche. Un employé de mérite et rempli de patriotisme fut chassé de sa place et exilé.

Ainsi tout chemin fut coupé aux états, excepté la grande route indiquée par le Gouvernement. On avait établi en principe que tous les riches domaines publics des différentes provinces réunies au grand duché, étaient devenus la propriété incontestable des anciens comtes et princes de Nassau lorsqu'ils prirent le chapeau grand-ducal. Ainsi la cour se rendit entièrement indépendante du consentement des états ; et comme les besoins du trésor public se trouvèrent d'eux-mêmes dans la grande route indiquée par le Gouvernement, tout se trouvait déjà fait d'avance. Le système des impôts avait été établi antérieurement d'après le principe patriotique d'une égale contribution des propriétés foncières et de l'industrie ; la majeure partie des dépenses administratives était faite par les caisses communales ; celles-ci restèrent chargées des traitements et honoraires des employés locaux, des percepteurs, des médecins, des chirurgiens, des sages-femmes, des inspecteurs des forêts, des maîtres d'école, des gardes forestiers et champêtres, des serviteurs de l'Église et des gardes de nuit (1). Ainsi il ne resta du budget que les dépenses du grand mécanisme du Gouvernement, et les états n'eurent pas même la révision des recettes et des dépenses comme haute-chambre des comptes ; ils se bornèrent donc à réduire quelques articles sans importance ; ils chargèrent ensuite la caisses de recettes du rachat des droits féodaux, dus aux domaines, et qu'on avait promis d'abord d'abolir gratuitement ; enfin, ils délivrèrent même les forêts des domaines de l'usufruit dont

(1) Les *watch-man* de l'Angleterre.

jouissaient les communes ; ensuite ils prononcèrent leur dissolution et rapportèrent dans leurs foyers l'honneur d'avoir été une assemblée tranquille, sage, bien intentionnée ; mais aussi ils entendirent partout le blâme hautement prononcé contre eux par le peuple.

Le mécontentement excité par ce blâme devait, d'après la nature des choses, se montrer d'une *manière quelconque* dans la session suivante ; et comme il ne pouvait se développer dans de pareilles circonstances d'une manière mesurée, dans une opposition ferme et énergique, il devait nécessairement se faire jour par une grande explosion, qui arriva lorsque les priviléges accordés aux domaines eurent ruiné plusieurs communes et nécessité une taxe des pauvres. Cette explosion dut apprendre à l'insolence contre laquelle elle était dirigée, qu'on peut abuser, jusqu'à un certain point, de la patience humaine, mais qu'enfin elle se soulève et se venge de celui qui s'est exposé à cette chance hasardée ; mais comme ces explosions, d'après leur nature même ne sont que passagères, tandis que le despotisme bien calculé agit toujours, ce dernier dut se rendre maître bientôt de ce mouvement. Ainsi toute cette opposition sans plan se termina par une seconde violence exercée envers un employé et on trouva le secret de détruire entièrement par elle-même une constitution qui n'était point mauvaise.

Ainsi, ce fut le Nassau qui servit de modèle à l'art moderne de constituer, art qui rend les hommes égaux dans une servitude commune, et qui fait de la liberté un prestige vide et ironique. L'œuvre fut exécutée en petit d'après le grand exemple donné par Napoléon, et, certes, le maître dut approuver ses disciples. Un conseil d'état, deux chambres, un bugdet, deux partis, un d'ultras, l'autre de jacobins attachés au char de triomphe, du haut duquel le conducteur mène vers son but son attelage avec un bras de fer; tout s'y trouvait : la marche était ouverte par des chants de liberté, puis venaient des fanfares avec le son des trompettes, et un Moniteur officiel, qui tantôt secoue le thyrse des idées libérales, et s'écrie : *Evoe Bacche!* et tantôt joue cet air avec lequel on prend les sansonnets libéraux ; qui, tantôt comme constable, conduit le peuple étonné dans l'espalier; qui foule aux pieds toute opposition; qui, de temps à autre, met sur la bouche prête à prononcer l'injure, le doux miel de discours libéraux, afin que savourant ce goût agréable, elle se ferme aussitôt; qui, un moment après, punit le doute le plus modéré. A la suite du char, se trouvent la vanité et la sotte complaisance pour soi-même, le goût d'organisation et d'innovation, celui de centraliser et de paralyser l'activité apparente et celle qui n'existe que sur le papier, la fiscalité, l'adresse et la fausseté. A toutes ces belles choses se joignent Hunt et les orateurs de Spafield, dans le comté de Katsenellebogen, le bienfait d'une conspiration, et la découverte d'un complot universel. Misérable folie de ce temps, qui, fausse et menteuse jusque dans ses derniers replis, après avoir long-temps trompé le monde, arrive enfin au point de croire à ses propres mensonges; et qui, après s'être éloignée entièrement de la nature, exerce ses artifices de théâtre sur tout ce qui existe, et fait de la société, de l'État, de l'Église, de ce que la terre porte de plus respectable, une dégoûtante farce!

Ce qui avait si bien reussi en Nassau avait été tenté antérieurement en Bavière par le ministre Montgelas, qui, sur le même plan, avait donné la constitution de 1808, et en avait proclamé une autre lors du Congrès de Vienne. Des circonstances, dont le fil n'a point été encore aperçu, avaient, à la grande consternation de tous les indifférents, soudainement renversé dans sa carrière et au moment où il croyait atteindre la dignité de chancelier d'état, cet homme auquel s'applique en bien comme en mal tout ce qui a été dit, dans les pages précédentes, de cette classe d'hommes d'état. A sa place fut mis un ministère qui, à la vérité, était très-jaloux de ses droits, mais qui ne possédait ni l'influence, ni la ruse, ni la violence de perpétuer ce pouvoir dans un système aussi conséquent que faisait Montgelas. Le roi donna une Charte, dans laquelle on laisse trop bien voir l'intention de conserver les prérogatives de la couronne, mais qui néanmoins plaçait les communes dans une position dans laquelle elles pouvaient, par leur influence, détruire peu à peu de mauvaises institutions et les remplacer par de meilleures, qui, par leur réaction sur la constitution, pourraient corriger ce qu'elle avait d'imparfait.

Aussi, la diète qui eut lieu à Munich ne fut point tout-à-fait semblable à ces apparitions ténébreuses, venues pour tromper le siècle. Sans doute, là aussi, il y eut du mal; mais comme il ne siégeait point en majorité dans le centre, il y avait peu à y redire, puisque la méchanceté et la sottise ont un droit égal à être représentées. Aussi se développa dans la seconde Chambre, lorsque le premier moment d'apprentissage fut passé, au milieu de l'ignorance de la vie constitutionnelle, un esprit sage et des sentiments équitables, mesurés, dignes d'éloges et accessibles en tous points au bien. On y mit en question plusieurs des maux que ressentent les peuples; le Gouvernement ne put empêcher, avec tous ses efforts, que l'on ne jetât un coup-d'œil pénétrant sur le passé. Les projets utiles que le ministère avait adoptés furent préparés; le chemin fut aplani à de meilleures institutions; on mit un terme pour l'avenir à de grands abus, et la direction générale fut conforme à ce que le siècle offre de bon.

Mais lorsque la Chambre dans sa recherche des vices qui affectaient l'Etat, eut sondé avec un heureux accord les extrémités, et qu'elle fut arrivée peu à peu aux parties centrales de la vie, lorsqu'elle eut touché aux véritables maux dont souffrent et périssent les Etats actuels, l'union dans laquelle elle était restée avec le Gouvernement cessa. Quand elle voulut examiner la surabondance, hors de tout rapport, de la double soldatesque de l'armée de guerre et de paix; lorsqu'elle signala à l'opinion le trésor public, épuisé par une administration trop nombreuse et trop brillante, et les dilapidations des finances, qui étaient les suites de cet abus, et qui, après avoir fait établir tous les impôts possibles, avaient enfin forcé le Gouvernement de tenir une banque au Pharaon contre le peuple : quand elle dénonça le double arbitraire exercé par le cabinet et par les ministres et qui s'étendait sur la justice, alors la patience libérale, à laquelle on s'était adressé trop indiscrètement, se trouva entièrement épuisée, et l'on vit de nouveau à Munich toutes les funestes passions qui souvent s'y étaient montrées et avaient scandalisé l'Allemagne. La haute Chambre commença par se croire appelée à mettre une digue au débordement des communes ; le conseil d'état rejeta toutes les propositions qui parurent trop pratiques ; on déclara que le consentement aux impôts devait se faire généreusement d'après la constitution, sans qu'on y attachât la condition d'une réforme radicale. Après avoir, repoussé le serment à la constitution proposé par la force armée, sous prétexte qu'elle était une corporation entièrement dépendante et nullement délibérante, on la laissa délibérer ensuite sur des objets constitutionnels, pour plaire à la cour par l'appareil du mécontentement contre la conduite des communes. Enfin, la personne même du prince fut engagée, d'une manière peu conforme à sa dignité, dans une discussion qui doit être remarquée comme le commencement d'une lutte dont la fin est incertaine quant au temps, mais nullement quant au résultat.

Dans le grand duché de Baden, de semblables événements ont eu lieu et se sont développés avec un résultat pareil. Ce pays était déjà depuis plusieurs années le théâtre principal de tous les changements produits par le temps. Des constitutions s'y étaient succédé plus rapidement qu'en France; une d'elles, afin sans doute de faire quelque chose d'original dans le genre niais des hommes d'état allemands, était faite, comme disait le titre, *dans le rapport objectif et subjectif;* les ministres étaient remplacés en moins de temps que les consuls à Rome. Enfin, pour satisfaire à l'article 13 de l'acte fédératif, le grand-duc donna également une Charte qui, d'après l'état des choses, devait paraître la plus libérale, et qui, en effet, reçut une approbation fort générale.

Dans l'assemblée convoquée en vertu de cette Charte, se montra bientôt l'esprit prompt, plein de vivacité, et propre aux affaires, qui distingue les habitants de cette contrée. Il s'y développa de véritables talents, et autant qu'il était possible d'en juger, une expérience pratique fort utile.

Mais lorsque les affaires furent parvenues au point critique, lorsqu'on attaqua la question importante de la juste part que devaient avoir les états aux décisions de la diète germanique; lorsque dans les négociations sur le déficit, on rogna, pour le couvrir, des branches trop étendues de la liste civile; lorsqu'on proposa une diminution, peu considérable, de la dotation de l'armée permanente; alors la cour parut regarder avec effroi ces coupables tentatives, et surprise par l'importance toujours croissante de l'entreprise trop légèrement commencée, et peu préparée à satisfaire aux prétentions sévères du temps remué jusques dans ses bases les plus profondes, elle se décida, par une violence trop précipitée, à mettre un terme aux discussions. Le prince ne sut pas maîtriser son mécontentement; il ajourna les états avec un empressement inconvenant, au milieu du travail sur le budget; les états furent, non point dissous, mais chassés; leurs membres, de retour dans leurs foyers, furent mis en quarantaine, et la constitution se trouva enfreinte matériellement dès le premier essai qui en fut fait, puisqu'on avait interdit aux états l'exercice de leurs droits. On reconnut alors ce que peut valoir une constitution, qui, sans bases historiques et sans être soutenue par des institutions libres et par des corporations fortes, ne repose que sur une volonté inconstante, et qui, donnée par un ordre du cabinet, peut être reprise avec la même facilité

Dans le Wurtemberg, la puissance secrète et vénérée de l'ancien droit avait opposé une résistance plus solide à ces invasions du caprice et de l'arbitraire. Le roi, irrité par l'opposition inattendue qu'il avait éprouvée dans l'exécution de vues bien intentionnées, s'était jeté avec Malchus dans les bras de la nouvelle école. Mais le triomphe momentané précédait une défaite complète. Némésis, pour punir des entreprises injustes, n'eut recours ni au poignard ni au poison; une petite faute d'arithmétique qui s'était glissée dans les chiffres, comme le serpent sous les fleurs, suffit pour préparer à une si grande entreprise, une fin si honteuse (1). Ainsi, quoiqu'après la dissolution des états, il se fût élevé dans ce pays, au milieu de justes réclamations, des cris impurs; quoiqu'on y eût employé toutes les séductions du temps, afin d'égarer le peuple, le bon droit finit par triompher. Le roi, avec un

(1) M. Malchus, ancien ministre du roi de Westphalie, croyait que les recettes du trésor offriraient un excédant considérable; il y eut au contraire un déficit tel que le roi fut obligé de convoquer les états et de renvoyer son ministre. (*Note du traducteur.*)

noble désintéressement et une confiance digne de tout éloge, convoqua une nouvelle assemblée constituante, et le Wurtemberg possède, comme récompense de son attachement à ses antiques droits et de son aversion pour des théories futiles, l'avantage unique d'avoir préparé sa constitution d'une manière constitutionnelle, par convention pacifique avec le Gouvernement, et de l'avoir fondée sur une base inébranlable.

Si cet événement fut la première apparition agréable et tranquillisante pour l'opinion irritée, elle dut être blessée d'autant plus par la sourde division qui depuis long-temps agite la Hesse-Rhénane. Là, on voit un prince bien intentionné, animé de dispositions bienveillantes, sans méfiance, mais troublé par le siècle, qu'il comprend fort peu, et entraîné à des démarches erronées, que souvent il cherche à réparer ensuite d'une manière fort touchante, et par une extrême bonhommie. Viennent ensuite des dépenses excessives pour des futilités auxquelles le prince ne peut se décider à renoncer, non pas pour lui-même, mais pour ceux qui en profitent; puis un ministère parta é dans ses vues, qui navigue sans compas, sans connaissance des étoiles, au gré de tous les vents; enfin, un peuple vif, trop accablé, qui connaît ses droits, qui cherche à les obtenir avec ardeur, avec un accord méritoire, et une participation zélée aux affaires publiques, et qui ne se laisse point égarer par la contradiction dans la poursuite de ses droits bien fondés, de ses prétentions et de ses réclamations. Voilà les éléments de cette lutte, qui maintenant peut donner des appréhensions, mais dont le résultat sera favorable, si on considère d'un côté la bienveillance du prince, de l'autre la fermeté du peuple.

Afin cependant que l'opposition entre l'Allemagne septentrionale et l'Allemagne méridionale, existant comme règle générale, eût aussi des exceptions, on transplanta dans le Sud le caractère craintif et paralytique des gouvernements du Nord, au moyen des constitutions réformées du Tyrol et de la Galicie, et de la constitution du petit pays de Vaud, avec laquelle l'Allemagne s'est amusée pendant quelque temps. Dans le Nord, une princesse active, spirituelle, mais très-arbitraire, opposa sa libéralité douteuse et violente aux anciens droits, d'une manière aussi tyrannique que cela eût pu se faire dans les États de la Confédération du Rhin.

Tandis que dans l'Allemagne, au-delà du Rhin, la réformation politique s'est consolidée peu à peu, jusqu'à un point qu'on peut comparer à celui auquel est parvenue, dans la réformation religieuse, l'Eglise épiscopale en Angleterre, les provinces de ce côté du Rhin se sont formé plutôt une espèce de calvinisme politique, dont la Suisse a donné autrefois l'exemple, que les villes de la Souabe et du Rhin on tenté envain d'établir; mais que les provinces hollandaises, et plus tard la Belgique, ont heureusement imité. C'est avec l'esprit sévère, inflexible, attaché aux réalités, qui appartient à l'école politique généralement répandue dans les provinces de la rive gauche, que les députés du cercle du Rhin ont voté dans l'assemblée des états bavarois; souvent ils se sont laissé entraîner dans les vues générales par des idées fixes et par des opinions peu réfléchies; mais dans tout ce qui regardait l'intérêt pratique de leurs provinces, ils se sont montrés toujours éclairés, et animés des sentiments les plus sages. Le même esprit s'est également prononcé dans la Hesse de la rive gauche du Rhin, et a créé l'opposition la plus énergique contre les gouvernements éloignés; ils devaient toutefois se déclarer de la manière la plus décidée dans les possessions de la Prusse, qui réunit sous son sceptre la majeure partie des pays du Rhin (1).

(1) L'auteur habite l'ancienne ville indépendante de Coblentz, et c'est là qu'il a composé son ouvrage.

(*Note du traducteur.*)

Lorsqu'on adjugea cette contrée à la Prusse, on avait réuni les extrémités de l'Allemagne dans tous les sens; on prononça ensuite sur cette union la bénédiction diplomatique que le ciel a refusé de confirmer, au moins jusqu'à ce jour. Cette union est composée d'éléments entièrement hétérogènes. D'un côté se trouvent un état qui n'a d'autres liens que l'idée d'un roi qui règne dans la plénitude de l'arbitraire, par des ordres de cabinet et par des ordonnances ministérielles, sans constitution légale, sans règle fixe; puis un monde d'administrateurs qui, organisés d'une manière secrète d'après des instructions indéterminées, gouvernent avec les formes les plus complexes, et un ordre judiciaire également secret et prudent; puis un esprit militaire sévère, pénétrant dans tout, qui veut toujours resserrer la vie dans les formes de la subordination. De l'autre côté on voit un peuple sans famille souveraine indigène, un pays sans cour et sans résidence, une noblesse presque entièrement éteinte et un clergé appauvri; puis un tiers-état sans opulence, mais ayant acquis de l'aisance par la vente des domaines; ennemi de la licence, mais connaissant son pouvoir, et disposé à l'audace; obéissant, mais point soumis; souffrant le frein des lois, mais offensé par tout acte arbitraire, même quand il est fait dans de bonnes intentions ; s'appliquant à tout ce qui est pratique, détestant par conséquent tout ce qui est confus et irrégulier ; accoutumé à une administration prompte dans l'expédition des affaires, et adonné aux intérêts publics ; ne détestant point le métier des armes, mais bien l'esprit de domination, de roideur et de dureté qui appartient à l'état militaire.

Des principes tellement opposés ne pouvaient se toucher par un contact paisible, et nécessairement le désavantage de la lutte qui s'éleva dût être entièrement du côté des nouveaux maîtres, qui s'étaient approprié toute *action* et n'avaient laissé aux nouveaux sujets que le rôle *passif*. Ainsi, depuis l'époque où, pour la première fois, le Gouvernement perdit la confiance publique par son organisation, le peuple se plaça en observation et eut bientôt remarqué tous les points faibles. On avait rejeté d'un commun accord la situation présente, comme ne pouvant durer ; l'attention s'était donc fixée sur les progrès du Gouvernement dans le travail de la constitution. On vit avec satisfaction la création du conseil d'état comme première introduction à ce travail, quoique d'après son organisation il ne pût appartenir qu'au Gouvernement. On reçut de même avec reconnaissance l'installation de la commission qui devait préparer la constitution. La formation de la commission immédiate de justice et l'abolition de la police secrète furent également deux mesures agréables à l'opinion. Quand, sur la proposition du chancelier, trois membres de la commission pour le travail constitutionnel furent envoyés dans les diverses provinces afin de rassembler des notions sur ce qui existait actuellement et sur ce qui avait existé autrefois, on regarda encore cette mesure, quoique prise un peu tard, comme un nouveau progrès. Mais ces envoyés étant de retour, et les rapports des différentes administrations provinciales étant arrivés, lorsqu'on vit que la commission ne se réunissait point pour une seconde séance; alors la lenteur des mouvements du Gouvernement fit craindre que bientôt il ne devînt rétrograde.

Cependant, le chancelier vint visiter les pays du Rhin; de nouvelles espérances s'étaient attachées à son apparition. Il avait accepté la fameuse adresse, et les discussions qui s'élevèrent à ce sujet entre lui et la députation, et qui devinrent publiques, durent donner l'espoir que la réaction était parvenue à son terme, et que la lutte aurait une fin désirable quand des deux côtés on aurait fait preuve de bonne volonté et reconnu les causes de la mésintelligence. Mais lorsque le roi refusa de confirmer la promesse donnée par son mandataire, qu'il avait autorisé lui-même à cette démarche; lorsqu'il montra son mécontentement aux habitants de ce pays, qui cependant avaient exécuté une action légale avec les formes les plus respectueuses, et qu'il leur reprocha leur méfiance, quoiqu'ils eussent hautement déclaré qu'ils n'avaient pas le moindre doute sur l'exécution de la promesse donnée; lorsqu'il étendit ce mécontentement au gouvernement local, parce qu'il avait souffert ce qu'il ne pouvait empêcher avec l'ombre de la justice, et qu'il approuva ceux qui avaient voulu comprimer par la violence l'expression de l'opinion publique; on se tut parce qu'on n'oublia point le respect dû à la majesté royale, même quand on aperçoit ses erreurs; mais un nouveau coup avait été porté, et la vieille blessure s'ouvrit de nouveau.

Si les habitants des provinces rhénanes désapprouvèrent l'admission de quelques membres de la noblesse dans cette affaire, ils prouvèrent que leur sentiment pour ce qui est juste s'était fortifié dans les circonstances difficiles qu'ils avaient eues à supporter, mais aussi que leur sentiment pour l'équité naturelle s'était affaibli dans le même degré. La même chose se prouva dans les cris, peu sages en général, qu'on éleva contre la démarche faite par la noblesse dans des vues bien intentionnées et contre l'écrit remis par elle au chancelier. Comme on ne put nier la justice qui régnait dans les sentiments exposés dans cet écrit, la méfiance attaqua un prétendu mysticisme dans le style, qui devait cacher de mauvaises intentions. En refusant avec un orgueil républicain l'assistance d'une corporation qui chez nous ne peut jamais devenir dangereuse à la liberté, on renonça légèrement aux anciens droits sur lesquels sont fondées les prétentions du tiers-état comme celles de la noblesse; on se remit à la discrétion de l'autorité; et, comme on n'avait point été équitable, on se priva de toute équité de la part de l'aristocratie, puissante ailleurs que chez nous.

De ce moment s'établit dans l'opinion la croyance d'un mouvement essentiellement rétrograde dans les principes du Gouvernement, et tout ce qui eut lieu ensuite ne fit que fortifier cette croyance. La fondation de l'université de Bonne et le résultat satisfaisant des travaux de la commission immédiate de justice furent à la vérité reçus avec reconnaissance; mais l'impression fâcheuse, produite par les opérations de finance, dut comprimer de nouveau cette disposition favorable des esprits. Lorsque des impôts qui avaient été abolis par le Gouvernement provisoire, furent rétablis l'un après l'autre; lorsque les douanes interrompirent jusqu'au commerce intérieur et ruinèrent les places frontières; lorsqu'une taxe sur l'eau-de-vie exigea les trois quarts du prix de ce produit, et qu'un droit sur le moût requit du vigneron appauvri le quintuple de l'impôt foncier et le força à menacer d'arracher ses vignes si on y persistait; lorsque de toute la libéralité des années antérieures on ne conserva qu'une loi militaire hors de tous les rapports sociaux, et qui soumettait au service toute la population, sous le prétexte de hautes idées politiques, alors l'opposition dut se répandre parmi tout le peuple, et s'il ne put obtenir le bien par le moyen de suppliques, il dut chercher au moins à repousser le mal par des protestations. Lorsqu'ensuite le Gouvernement local, après avoir prouvé irrécusablement que la province payait déjà par ses impôts antérieurs les quatre *thalers* par individu, exigés par la loi, ne put s'empêcher de déclarer impossible l'établissement des nouvelles taxes; lorsque, malgré cela, le ministre reprocha au conseil municipal de Coblentz la petitesse de ses vues d'économie politique, énoncées dans la protestation de la ville, et qu'il la consola par la perspective d'autres taxes nouvelles; alors on admira sans doute la sévère conséquence d'un système qui, poussé *ad absurdum*, ne se laisse troubler en aucune manière; mais on sentit qu'il était temps de mettre, par une constitution, un terme à cette indifférence stoïque.

En outre de ces rapports politiques, une autre cause plus forte encore mécontentait l'opinion dans toute l'Allemagne catholique, surtout dans les provinces sur le Rhin, mais plus encore dans la Westphalie; cette cause, c'est l'assujettissement honteux dont on menace l'Eglise. Depuis la fête séculaire de la réformation on avait vu dans l'Allemagne protestante une arrogance insupportable qui devait inévitablement produire une réaction très-forte. Cette arrogance n'est point celle du véritable protestantisme, pieux et modeste, qui dans l'humilité s'arrête aux limites qui ferment à l'entendement humain les mystères de la religion, et qui, tout en se tenant aux paroles écrites, ne rejette point comme absurde la croyance de tous les temps et de tous les siècles, auquel s'attache le catholicisme. C'est l'orgueil de cet esprit ténébreux qui regarde ses vanités, ses passions et ses vues comme des grandes lois universelles; c'est cet esprit qui a élevé le cri: Que le catholicisme mort et éteint a oublié seulement de se faire enterrer; que ses dogmes sont insoutenables et absurdes; que son infaillibilité de l'Église est la véritable servitude de l'esprit, et sa hiérarchie, l'œuvre des misérables artifices du clergé, et une tyrannie insupportable. C'est lui qui offre par sentiment de pitié de suivre l'enterrement, afin de rendre les derniers honneurs au défunt, et d'aider ensuite à briser la chaîne honteuse et à renverser le tyran.

De même qu'autrefois on prêchait une coalition des souverains contre la puissance impériale depuis long-temps détruite, de même on prêche maintenant une coalition pareille contre le pape, dont le pouvoir spirituel n'est guère plus dangereux maintenant que n'était alors le pouvoir temporel qu'on attaquait. Lorsque les catholiques se taisent avec mépris sur une telle conduite, on montre le fantôme terrible des Jésuites qui, de la Suisse, menacent de nous envahir; les journaux accumulent tout ce que les papes ont pu faire de mal; on n'épargne pas même les calomnies contre les hommes qui défendent leur foi et leur conviction. On proclame encore (afin sans doute de faire preuve de cette libéralité commode, qui cède tout au pouvoir, pourvu qu'elle sauve ses formules et ses intérêts) que cette maxime de l'Église anglicane: *Le prince est le premier évêque dans son pays*, doit être appliquée aux catholiques, soumis aux gouvernements protestants. Ainsi donc il ne suffit point que le prince soit chef des armées, chef de l'ordre judiciaire, chef de la police générale, et propriétaire foncier de tout le pays, dont les cultivateurs ne sont que ses fermiers; il faut encore qu'en *pontifex maximus* il juge les consciences, afin sans doute qu'il puisse imiter l'exemple de Henri VIII, et, en cas que le fanatisme se réveille, faire brûler ceux qui croient au pape et rouer ceux qui l'ont renié. Ce fut dans ce sens que l'on s'éleva contre le concordat bavarois, quoique les trop grandes concessions qu'il fait à l'État soient seules à blâmer; et qu'on ne cessait de donner des éloges à Wessenberg, qui, sans doute, est un homme estimable, mais qui est dans son tort, puisque, pour soutenir une mauvaise cause contre le siége pontifical, il a recours au pouvoir temporel, et sacrifie la liberté de l'Eglise en faveur des souverains, en se disant le défenseur de cette liberté (1).

(1) Je crois nécessaire de rappeler cette affaire en peu de mots. Le baron de Wessenberg fut élevé, lors de

La méfiance que ces desseins peu cachés avaient excité dans les esprits se fortifia considérablement quand s'ouvrit cette commission des concordats pour les princes protestants, composée en partie de délégués protestants, et quand le président de cette commission, le ministre wurtembergeois de Wangenheim, fit espérer que dans ce synode on réglerait les rapports intérieurs de l'Église catholique et ses relations futures avec le pape. Une feuille publique publiait même quelques propositions faites à cette commission, et d'après lesquelles on devait commencer par ôter d'abord au pape tout le fardeau des fonctions de son primat, puis de le rendre au métier de pêcheur, abandonné par l'apôtre,

la mort du dernier primat, à cette dignité par le chapitre de Constance. Le pape refusa de sanctionner ce choix; le chapitre refusa d'élire un autre primat, et M. Wessenberg, homme généralement estimé pour ses mœurs, ne voulut point obéir aux ordres injustes du pape. Les défenseurs des libertés politiques et religieuses ne se sont point tous déclarés contre lui.

Je me suis fait un devoir de traduire tout ce que M. Goerres dit sur les affaires religieuses d'après sa foi et ses vues. D'ailleurs ce passage contribue à donner une idée de l'état de l'Allemagne. Cependant si j'ai cru devoir les traduire, je ne me crois nullement tenu de partager toutes ses idées sur ce sujet. (*Note du trad.*)

son premier prédécesseur, lorsqu'il suivit le Seigneur. Enfin on apprit encore que dans un pays voisin le décret pour abolir le célibat avait été prêt à être mis en exécution, lorsqu'une autre cour, consultée sur cet objet, empêcha la chose à cause de la pension qu'on serait forcé de faire aux veuves des prêtres. Tous ces actes durent exercer l'influence la plus désagréable sur l'opinion, quoique les résultats des travaux de cette commission eussent tranquillisé ceux qui en furent instruits : on approuva même l'extension donnée au droit d'élection en faveur du bas clergé, comme aussi le principe de faire juger par ses pairs un évêque accusé. Quant à ce dernier point, on se flatta cependant que le Saint-Siége ne renoncerait point au droit d'avoir un délégué auprès d'un tel tribunal, pour y exercer le ministère public; on espéra également que le Vatican ne permettrait point le renversement de l'hiérarchie par l'abolition des archevêchés, proposée par les sentiments envieux de l'autorité temporelle; et encore moins qu'il s'oublierait au point d'approuver la nomination par les princes protestants à des évêchés catholiques.

La Prusse, contenant quatre millions de catholiques, n'avait point accédé à ce résultat, et on expliquait son refus par sa disposition à ne point se laisser vaincre en libéralité. Le roi, en prenant possession des provinces rhénanes, avait fait des promesses non ambiguës; le chancelier les avait renouvelées dans la fameuse audience qu'il accorda à la députation; aussi, on accepta comme garantie de leur exécution le rétablissement des droits d'élection, reclamé par le chapitre de Munster. Mais dans ceci arriva la même chose qu'on a déjà remarquée par rapport à la constitution. Au scandale de tous les hommes, l'Église resta dans un état de décadence plus fort encore que sous la domination française. La sainte alliance, écrite sur le parchemin, fut gardée soigneusement dans les archives. Des discours touchants sur la piété et les vertus chrétiennes avaient remplacé en partie l'ancien style de chancellerie, mais la règle du christianisme, de donner à chacun le sien, ne fut pas plus pratiquée dans ce cas que dans d'autres. Les derniers domaines, misérables restes échappés au grand pillage, formant les seules hypothèques pour la dette du pays, et la seule dotation qu'on pouvait accorder à l'Église, furent mis en vente, malgré toutes les protestations possibles. Tous les ministres, oubliant la parole royale, signèrent l'ordre d'aliénation, comme si la signature d'un grand nombre pouvait donner à cette action un caractère de justice, comme si ce qui est anti-chrétien devenait chrétien parce qu'un grand nombre d'individus partage le péché. Cette race de pitoyables sophistes, qui appartiennent à notre époque, et qui ont voué leur talent vénal à tout pouvoir, nous apprit qu'alors seulement l'État peut se promettre le repos et la sécurité de la part des serviteurs de l'Église, quand, comme employés publics, ils sont à sa disposition. D'ailleurs, disaient ces écrivains, les domaines excitent l'avidité de l'ennemi; ainsi on fait mieux de purger le pays de biens trop attrayants. Par la même raison on avait apporté dans la capitale, sous prétexte du peu de sécurité, les manuscrits et les archives revenus de Paris, et appartenant à la province.

Lorsque plus tard les établissements religieux furent détruits sans qu'on daignât seulement consulter les intéressés; lorsque l'Église réformée du pays ne défendit qu'avec peine sa liberté contre le ministère, et que les gouvernements locaux voulurent forcer le clergé catholique d'adopter leur opinion sur la question des mariages mêlés, dont la décision appartient au pape seul; lorsqu'un de ces gouvernements, dans la chaleur de la lutte, eut placé les curés sous la surveillance de la police des baillis; lorsqu'un ordre du cabinet accusa d'intolérance le clergé qui avait fait son devoir; lorsque d'autres menées pareilles furent devenues publiques : alors l'opinion ne fut point indécise sur le parti qu'elle devait embrasser, et elle se déclara avec unanimité en faveur du clergé, qui, à couvert sous un double bouclier, resta inébranlable. Le Gouvernement reprit alors le caractère négatif propre à notre temps; mais les soupçons étaient éveillés, et la disposition des catholiques était devenue un nouvel élément de fermentation dans la lutte générale.

Cette lutte se manifesta surtout dans les écrits. Depuis que le Gouvernement prussien avait soumis les feuilles publiques à une censure craintive, lâche, à petites vues, qui supprima des journaux entièrement insignifiants, la pensée chercha un autre asyle où elle pût se manifester plus librement. Elle trouva cet asyle dans la constitution du Weimar qui abolissait toute censure. Cette constitution qui, dans les rapports limités de ce pays, n'a produit jusqu'à ce jour rien de remarquable que la dissolution de l'armée permanente, trop coûteuse pour être supportée par un État de si peu d'étendue, acquit tout d'un coup une grande importance pour l'Allemagne sous le rapport de la liberté de la presse. Là commença bientôt la lutte entre le temps qui veut s'émanciper et la police d'état qui veut enchaîner le temps. Tandis que l'*Isis* (1), s'attachant à la nature élémentaire, expliqua les hiéroglyphes de la vie animale; tandis que l'*Osiris* n'épargnait de son fouet aucun abus, et que le *latator Anubis* observait avec soin les portes de l'empire des esprits pour que la violence et l'arbitraire n'y entrassent point par surprise; tandis que la *Némésis* cherchait à observer la mesure et la règle, et propageait, quoiqu'avec une énergie décroissante, de bons principes; tandis que le *Patriote* (2) défendait des opinions souvent partiales, avec bon sens, courage et adresse; pour répondre à leurs cris répétés, se levèrent d'autres voix qui se firent entendre depuis les

(1) Journal physiologique publié à Weimar, et rédigé par le professeur Oken, dans les vues les plus élevées et les plus nobles, et dont l'indépendance a valu au rédacteur la perte de sa place de professeur.

(*Note du traducteur.*)

(2) L'*Osiris*, journal périodique et scientifique; l'*Anubis*, journal métaphysique; la *Némésis*, journal politique, ainsi que le *Patriote*, la *Feuille d'opposition* et quelques feuilles littéraires, paraissaient tous à Weimar, ville de huit mille habitants environ, et qui avait plus de journaux que la capitale de la France n'en a actuellement. (*Note du traducteur.*)

montagnes de la Suisse à travers le Wurtemberg, jusque vers le Danube, et de là parcourant le cercle du Haut-Rhin, remontèrent la Maine et résonnèrent dans l'Allemagne méridionale; tandis que l'Allemagne septentrionale restait muette sous la censure, et que la ville libre de Bremen, qui une seule fois dévia du bon sentier, et celle de Hambourg, où l'*Observateur* cherchait à saisir en mesure et en nombre le temps incommensurable, s'efforçaient seules de soutenir l'honneur de cette partie de la patrie. Toutes ces voix réunies formaient un chœur qui n'était point toujours en accord harmonique, et qui quelquefois oubliait les lois de la prosodie (1), mais qui cependant rappelait avec énergie aux héros qui, chaussés du cothurne, parcourent la scène d'un pas tragique, des lois pratiques de la vie très-salutaires, des vérités qu'ils avaient oubliées, et des conseils utiles qu'ils avaient méprisés.

Mais ce chœur, chassé depuis long-temps du théâtre moderne sur lequel les confidents et les

(1) On sait que dans les tragédies grecques les chœurs tiennent lieu des confidents modernes, et que souvent ils donnent des conseils aux principaux personnages ou font des réflexions sur leur conduite.

(*Note du traducteur.*)

chambellans l'ont remplacé, s'y étant glissés de nouveau sans invitation, et violant les trois unités sans aucune considération des bonnes manières, n'y fut que peu aimé; et dans le fait on ne le supporta qu'avec impatience. Le cruel égoïsme qui domine dans toutes les cours allemandes se décida promptement à détruire cette nouveauté qu'on craignait. Alors on commença contre les rédacteurs de journaux ces campagnes diplomatiques dans lesquelles, comme dans les grandes chasses, le noble animal pourchassé par les chiens, inquiété par les cris, poursuivi par les chasseurs, tombe enfin sans haleine, ou se voit forcé de se jeter dans l'eau ou dans le marais. Un marais était là pour les écrivains persécutés, c'était la jurisprudence allemande, là où la liberté de la censure avait été donnée; les plus échauffés, quand ils avaient séjourné quelque temps dans ce séjour infect, se trouvèrent suffisamment rafraîchis pour ne plus se fatiguer avec trop d'ardeur pour la cause de la patrie; et le grand jury allemand prononça, en belles figures de rhétorique, anathème sur ceux qui par l'eau s'étaient sauvés de la mort. Enfin, pour qu'en Weimar aussi la libéralité des cours devînt la risée du public, on mit de côté la longueur fatigante des formes constitutionnelles, et, après avoir laissé à Oken le choix entre son existence ou son journal, on renvoya son journal et lui.

Prévoyant un tel destin, d'autres écrivains s'estimant trop pour s'exposer ainsi à la fureur des éléments soulevés, avaient choisi sagement un meilleur parti et s'étaient arrangés à l'amiable avec le pouvoir au grand contentement mutuel. Déjà il était reconnu qu'on pouvait parler, en termes généraux, de la liberté et des sentiments libéraux, mais en justifiant dans tout acte de despotisme les institutions les plus mauvaises. On était libre de montrer en parade tous les héros de Plutarque; mais sous la condition de déclarer insensés tous ceux qui voudraient les imiter. Dire du mal de la noblesse, parler dans les affaires ecclésiastiques avec le ton de l'incrédulité, s'appesantir sur les jésuites, blâmer le moyen âge, rappeler tous les maux causés par le système féodal, injurier les *ultra* français et expliquer leurs sottises dans toute son étendue, exposer le mysticisme dans toute sa nudité, se plaindre des mauvaises passions et de l'indécision des sentiments qui empêchent tout résultat solide, se déclarer avec force et avec franchise sur les erreurs du roi d'Espagne, et s'égayer de temps en temps au dépens du *John Bull* de l'Allemagne, voilà les champs de bataille que ces libéraux se sont réservés.

Mais aussi ils se montrent disposés à couvrir du manteau de la charité les actions les plus arbitraires des maîtres dont ils reçoivent leur salaire; à chaque instant ils font en leur faveur des exceptions aux principes les plus sublimes, et ils combattent pour leur cause aussi volontiers que pour la leur propre. A ces conditions, ces corsaires littéraires reçoivent des lettres de marque contre les gouvernements voisins, jusqu'à ce que ceux-ci aient la faiblesse d'entrer en arrangement; alors on déclare qu'il est illibéral et nuisible à la chose publique d'attaquer dorénavant le gouvernement qu'on insultait la veille. Ces lâches flatteurs des princes, ces tartuffes en politique, ces sophistes impudents qui prennent leurs opinions à bail chez leurs maîtres, sont répandus dans toute l'Allemagne; ils se connaissent entre eux, et ils se louent et s'aident mutuellement. Amis perfides de la liberté, ils sont plus dangereux que les ennemis ouverts, parce qu'ils trompent et égarent le peuple, cachés sous le masque dont ils changent fréquemment.

L'opinion, également inquiétée par la falsification de la vérité que se permettent ses prétendus organes, et par les persécutions qui réduisent au silence ses amis véritables, a cessé de rechercher les écrits, et s'est tournée davantage vers les discours et vers la tradition : le mouvement animé qui s'est emparé de la société, l'échange rapide des idées et leur circulation non moins rapide, qui met en rapport les points les plus éloignés, ont donné à la vie publique une nouvelle force, et aux esprits un centre commun d'où la pensée, qu'on ne peut arrêter, parcourt toutes les directions. Aussi rien de ce qui arrive ne reste caché à la tradition; chaque citoyen en particulier ressent profondement la honte qui repose sur la patrie et veut faire partager son ressentiment par les autres; il les instruit de ce qui est parvenu à sa connaissance afin qu'on lui rende le même service. Ainsi les jugements sur les choses et sur les individus sont fondés sur les faits, et sont rarement injustes à la longue, si quelquefois ils peuvent paraître trop sévères.

Ce tribunal, qui juge les vivants, ne fait plus aucune attention aux mensonges imprimés et à ces belles phrases par lesquelles on veut obscurcir la vérité. Les hommes, qui dans leur vanité se croient impénétrables, ont déjà reçu de leurs contemporains le nom qu'un arrêt irrévocable leur a assigné. Des actions et des circonstances qu'ils croient ignorées sont connues du monde entier; les accusés seuls ne sont point instruits de la procédure, à moins que leur conscience ne leur fasse sentir leur culpabilité, et qu'ils n'essaient de se justifier sans y être invités. Ce tribunal devient plus sévère et plus impitoyable selon qu'on enchaîne et qu'on empoisonne davantage la presse, et cela au détriment de ceux qui exercent cette falsification ou cette tyrannie, parce qu'ils ne peuvent plus même se défendre. Ce n'est qu'en réfléchissant à l'action qu'exerce la tradition des opinions populaires qu'on peut expliquer et comprendre des événements qui paraissaient inexplicables.

Dans les divers mouvements produits par les causes déjà indiquées, les libéraux, qui, dans les années de la délivrance, avaient été d'accord sur la nécessité d'établir un ordre de choses plus convenable et plus conforme aux besoins de l'Allemagne, et ne s'étaient point entendus sur les moyens d'y parvenir, se séparèrent en deux partis : l'un, appelé le parti *historique*, reconnut qu'il avait existé autrefois un meilleur état de choses en Allemagne, quand, réunie sous un chef protecteur et partagée dans différents membres, contrées, États et corporations florissantes, elle existait indépendante, libre, pleine de vigueur, et riche de mœurs et d'organisation nationale; quand, estimée et respectée au dehors, elle pouvait repousser facilement toute puissance étrangère, qui entreprenait de se mesurer avec elle. Ce parti reconnut encore que la confusion et la maladie s'étaient glissées d'abord dans l'organisation, lorsque la tête s'était affaiblie et que les membres étaient devenus trop forts et trop dissolus; que, sous l'empire d'une discorde toujours croissante, l'affaiblissement avait toujours augmenté, jusqu'à ce qu'il se déclarât, après la réformation, dans ce paroxisme violent, mal organique devenu incurable, et duquel l'État n'a cessé de souffrir jusqu'au moment où la puissance de l'ennemi renversa la forme déjà chancelante, la foula aux pieds, et l'attacha à son char de triomphe.

Le parti historique jugea ensuite que la forme seule étant périssable chez les peuples, ils doivent, après la chute d'une forme, reparaître sous une autre, et qu'ainsi la nouvelle Allemagne doit renaître des éléments encore existants dans le caractère distinctif, dans les mœurs et dans les sentiments de l'ancienne Allemagne, et d'après le type qui règne toujours dans les forces organisatrices; afin que l'on pût reconnaître que l'esprit des pères repose encore sur les fils, et que ce n'est point un nouveau peuple, bâtard des peuples voisins, qui a remplacé l'ancien.

Il jugea parconséquent, que le problème à

résoudre par le temps, est de débarrasser la forme originale de tout ce que les siècles y ont ajouté de mal, de renoncer à tout ce que l'égoïsme égaré et la sotte vanité ont construit, principalement dans les deux derniers siècles, sur le vide et sans faire attention ni à l'histoire ni à la nature des choses. Il voulut donc que, renonçant enfin à cet aveugle égoïsme qui a déjà appris par un exemple terrible que l'affaiblissement du tout se venge inévitablement par la perte des diverses parties, on suivît soigneusement les traces que les mœurs, l'esprit et les institutions de nos ancêtres ont laissées au milieu de nous dans la confusion générale, en s'éloignant autant seulement que les changements dans les rapports en font une loi, et qu'ainsi on relevât une nouvelle Allemagne des ruines de l'ancienne.

L'autre parti, qui bientôt se mit en opposition avec le premier, voyait les choses sous un autre point de vue. Que peut nous faire cette vieille Allemagne, avec ces fragments d'une organisation qui a pu être bonne dans son temps, parce qu'elle était fondée sur ce temps, mais qui maintenant a disparu pour toujours? Que nous veut cette superstition qui affecte de s'attacher aux cendres d'anciens héros et d'anciens saints? Que cherchent dans notre temps ces chevaliers qu'on nous vante; leur esprit n'est plus au milieu de nous, leurs châteaux sont tombés en ruines sur nos montagnes et nos collines; les anciennes églises sont désertes, une nouvelle croyance y est entrée. Ces institutions et ces organisations ont pu être bonnes pour leur siècle; mais leurs débris, restés au milieu de la société, la gênent, et les parchemins pourrissent dans les archives; ce que nous y voyons, c'est la servitude, c'est l'empire de la force et de la superstition, c'est une feodalité oppressive, et au milieu de cette nuit du moyen âge errent les fantômes de quelques hommes véritablement grands, mais qu'aucun sacrifice aux morts ne fera sortir de leurs tombeaux. Deux événements, d'une importance incommensurable, ont séparé ce temps du nôtre par un abyme immense; ce sont la réformation et la révolution. Depuis qu'elles ont passé sur l'Allemagne, il s'agit réellement d'un nouveau peuple, ayant d'autres mœurs, d'autres opinions, d'autres manières de penser; un nouveau monde sorti des flots a remplacé le moyen âge submergé. La forme vieillit et périt, vient et s'en va, mais la vie se renouvelle et fleurit toujours, et, puisque les siècles s'écoulent, et que les rapports se changent, il faut que chaque génération crée ce qui lui convient. Le présent doit s'établir sur lui-même, parce qu'il sait le mieux ce qui lui plaît et lui est utile, et qu'il construit plus facilement sa demeure qu'il ne répare celle du passé. Si la vieille Allemagne est dissoute, les choses sont retournées à leur origine, là où aucun empire n'a existé, et l'histoire ne peut vous apprendre que fort peu. Mais si vous voulez profiter de ses leçons, prenez alors pour maîtresse la révolution; la marche lente de plusieurs siècles s'est précipitée pour elle dans le cours rapide de quelques années; l'histoire du monde a passé devant vos yeux, vous l'avez vue et vous ne l'avez point étudiée; vous avez pu la saisir avec votre cœur et avec vos sens, tandis que le moyen âge ne se présente à votre imagination que comme une tache bleuâtre sur l'horizon.

Cette différence de vues, la même qui existe entre le catholicisme et le protestantisme, ne peut embarrasser celui qui, sans passion et sans partialité, pénètre avec soin dans la profondeur de l'histoire et de sa propre existence. Car si on ne peut nier que tout peuple indépendant possède, en outre de ce qui est commun à tous, sa propre individualité, qui se montre dans toutes les pages de son histoire et dans toutes son existence ; alors toute individualité purifiée, née d'elle-même, doit se trouver en harmonie avec ce que l'histoire a produit de général ; elle ne méprisera donc point l'histoire, mais elle n'agira point non plus aveuglément selon ses vues.

D'un autre côté le parti historique ne veut exclure du passé qu'il interroge, ni la réformation ni la révolution, parce qu'il reconnaît que, dans toute histoire particulière, on retrouve le caractère empreint dans l'histoire générale, de même que la révolution anglaise s'est retrouvée avec d'autres circonstances dans la révolution française. Mais ces deux révolutions ont produit, comme institution essentielle, une chambre des communes, que l'Italie a réclamée dans l'âge moyen, et que l'Allemagne a voulu obtenir sous les empereurs de Souabe, et c'est parce qu'elle n'a pu l'obtenir que l'empire a perdu la Suisse, qu'il a été ensanglanté par la ligue des villes contre les souverains, et plus tard par la guerre des paysans. Ainsi, comme toutes les confessions sont d'accord dans l'idée de la Divinité, de même les deux divisions du parti libéral sont d'accord dans l'idée de la patrie, et elles sont restées unies tant qu'a duré l'enthousiasme excité dans les esprits par la guerre de délivrance.

Mais l'enthousiasme n'agit que momentanément dans l'histoire; il marche en général par les passions et les intérêts qui séparent ce qui d'abord ne parut qu'une légère différence d'opinion, par un intervalle qui s'agrandit sans cesse. Le principe historique est une généralité qui, dans son étendue immense, comprend les choses les plus diverses. Les bons sentiments ne réclamèrent du passé que le bien, les sentiments intéressés y trouvèrent bientôt leur avantage : les premiers remontèrent jusqu'aux temps plus anciens remarquables par de bonnes institutions; les derniers, au contraire, descendirent plus bas, afin d'y rechercher des racines sur lesquelles pouvait s'enter l'égoïsme. L'époque qui précéda 1806 trouva en Prusse des hommes qui se mirent au nombre des amis du bon vieux temps; ils comptèrent dans leurs rangs deux classes d'individus qui se retrouvent en Allemagne dans toutes les choses, même les meilleures, les hommes fantastiques et les pédants; les premiers rêvent le moyen âge dans le genre des livres de chevalerie; les derniers s'attachent aux paroles vides de sens et à des parchemins sans vie; le livre de Haller qui, avec beaucoup de bonnes choses, contient beaucoup d'erreurs forma des écoles parmi ces deux classes.

A ces jeux d'esprit théorétiques se réunissent

des intérêts plus offensifs. Parmi les institutions qui, existant en réalité, étaient parvenues du moyen âge jusqu'à nous, la noblesse était celle qui possédait encore l'importance la plus directe sur la vie publique. Les anciens princes immédiats avaient obtenu au congrès un article dans l'acte fédératif qui les déclarait la classe la plus privilégiée de l'État. Comme les souverains, anciennement leurs égaux, ne voulurent se prêter à aucun sacrifice, ni au congrès, ni pendant la durée de la diète fédérative, et que tous ne recherchèrent que leurs avantages particuliers, eux aussi ne se sentirent point appelés à se montrer généreux; ils réclamèrent ce qu'ils appelaient leurs anciens droits, et expliquèrent l'article du congrès de la manière la plus favorable à leurs intérêts.

Mais lorsqu'il s'agit d'en venir à l'exécution de cet article, et qu'on ne put contenter la prétention de la haute noblesse qu'aux dépens des communes, celles-ci réclamèrent vivement, et le vieux temps sur lequel on fondait des droits si onéreux commença à leur paraître suspect. Quand bientôt la longue suite d'autres priviléges et d'autres prétentions fut mise en avant, et que les princes en général tardèrent à remplir leurs promesses, alors on attribua à la noblesse, qui possède l'oreille des souverains, la cause de ce retard, en partie injustement, puisque la plainte ne peut être dirigée en tout cas que contre les courtisans. Ainsi, comme l'animosité entre les partis ne fit qu'augmenter, une grande portion de la haine méritée par le présent s'attacha au passé, et l'histoire parut bientôt aux esprits aigris comme un arsenal dans lequel toute sottise, toute prétention tyrannique, et tout despotisme, même le plus décrié, peuvent chercher des armes.

Tandis que l'Allemagne se fatiguait ainsi dans ses rapports embrouillés et qu'elle se préparait de nouveaux renversements et de nouveaux malheurs, la France avait relevé promptement la tribune, renversée lors de la seconde chute de Napoléon; mais au lieu des grandes tragédies du temps de l'empire romain, on y représentait avec le meilleur ensemble des grands drames civils et des *Henriades*, auxquels on avait ajouté la dose nécessaire de libéralité. Là, les ultras et les libéraux se combattirent vivement; ils se séparèrent à droite et à gauche en groupes et en sous-divisions qui, en cas de besoin, se réunissaient par une adroite manœuvre, et, tantôt divisés, tantôt réunis, ils assiégèrent les ministres dans les retranchements du pouvoir. Ce jeu, exécuté avec adresse et d'après les règles de l'art, commença à amuser les Allemands, las de ce qui se passait chez eux. Ils s'aperçurent aussitôt que les ultras étaient de nouveau les mêmes hommes du moyen âge qui, dans le nord, prêchent le bâton et la servitude, le gouvernement à la prussienne, et les mesures secrètes, et autres belles choses que les Allemands entendent résonner sans cesse à leurs oreilles. Quant aux libéraux, ils leur parurent vouloir ce qu'ils voulaient eux-mêmes, combattre pour la même cause qu'eux, souffrir les mêmes maux qu'eux, en un mot, avoir les mêmes sentiments qu'eux. Ainsi prompts à se réconcilier, oubliant bientôt d'anciens griefs, d'après la bienveillance qui leur est naturelle, ils commencèrent de nouveau à prendre goût au vin français, n'en prenant d'abord qu'avec mesure et comme à la dérobée pour oublier les tracasseries domestiques, puis se mettant à boire par habitude et s'enivrant avec plaisir. Une fois échauffés, ils commencèrent à devenir bruyants, et à prendre part au combat, d'abord par des applaudissements et en encourageant le parti favorisé, puis en se battant entre eux pour leur cause. Quoiqu'à l'influence des libéraux français soit attachée en partie l'émancipation de l'Allemagne, et qu'à l'existence des ultras soient liés son repos et sa tranquillité (1), cependant, désintéressés comme sont les Allemands, ils prirent entièrement parti contre les derniers, et souhaitèrent ardemment leur entière destruction et leur anéantissement.

Dès que les Français aperçurent ces sentiments d'amitié dans le cœur des Allemands, à peine revenus de la croisade, et qu'ils croyaient encore animés de l'inimitié produite par l'opprobre dont ils avaient été couverts, l'ancienne espérance presque éteinte, se réveilla en eux (2), et ils résolurent de ne point négliger de si bonnes dispositions. Des tribunes furent ouvertes dans le *Times* et dans des feuilles allemandes même, du haut desquelles le renard prêcha encore une fois les pauvres oies, leur exprima sa reconnaissance pour la tendresse qu'elles lui avaient témoignée, assurait aux libéraux toute son assis-

(1) M. Goerres nous permettra de ne point partager cet avis, que nous combattrons dans l'Essai que nous publions à la suite de la traduction.

(*Note du traducteur.*)

(2) Il paraît que M. Goerres ignore que les libéraux n'ont rien de commun avec les correspondances du *Times* et des feuilles allemandes, dont l'auteur est trop connu pour qu'il soit nécessaire de le nommer. *Voyez* l'Essai à la suite de la traduction.

(*Note du trad.*)

tance, et promettait de soigner leurs intérêts dès qu'il aurait terminé ses propres affaires.

Les cours de l'Allemagne occidentale, dont les dispositions s'accordèrent mieux avec cette libéralité française qui s'était réconciliée avec Napoléon, qu'avec celle prêchée d'abord en Allemagne, qui, non contente de vouloir une liberté réelle et solide, veut encore l'unité de la patrie, fantôme effrayant pour ces cours, admirent volontiers dans leur pays sous le timbre français cette libéralité déclarée contrebande comme produit national. Elles firent préparer les routes pour l'étrangère et la firent conduire partout le pays avec des cymbales et des flûtes. Quand sa voix bien connue se fit entendre de nouveau sur les montagnes et dans les vallées de la Confédération du Rhin, elle fut entendue par tous ceux qui s'étaient cachés lorsque la tempête du Seigneur avait éclaté sur le temps; ils sortirent de leurs antres pour se chauffer au soleil, et pleins de joie en apercevant la marche de l'étrangère, ils se hâtèrent de la suivre. Cette admirable espèce de libéraux, qui professent la libéralité comme commandée par le bon ton, et avec laquelle on s'exprime chez les grands et chez les petits, et qui servent Dieu et Bélial, reconnurent l'occasion et la saisirent par sa chevelure flottante. D'autres qui avaient su conserver leurs idées de jeunesse à travers le temps napoléonien, et qui avaient été un peu troublés en quelque sorte par la nouvelle époque, reprirent aussitôt leur ancienne confiance souvent attaquée. D'ailleurs, tous les hommes sensés, et avec eux la masse du peuple dans plusieurs contrées qui devaient à la révolution des institutions utiles et appropriées au temps, ne se trouvèrent aucunement disposés à les échanger contre des institutions détruites et dégénérées, qu'on se proposait de leur imposer de force.

De là est arrivé que la seconde division du parti libéral se fortifia de plus en plus à mesure que le parti historique se vit réduit au silence par les sottises et les prétentions qui voulurent se rattacher au même principe. Un grand nombre d'hommes, attachés aux choses pratiques, se joignirent au parti dès-lors dominant, parce qu'ils désespérèrent de voir jamais sortir rien de bon de ce malheureux chaos de l'ancienne Allemagne, ni rien de solide de ce marais stagnant dans lequel tout ce que les anciens temps avaient de beau, est enfoncé sous la fange et sous la bourbe. Paris est encore une fois sur le point de devenir la capitale du monde libéral, comme elle était naguères celle du monde servil. Comme naguères les cours de tous les pays y allèrent en apprentissage; ainsi les libéraux devront y apprendre la liberté; et comme les assemblées populaires de Smith-Field tournent leurs regards vers Paris, de même, c'est de là qu'on veut faire venir des institutions germaniques, modelées sur les mœurs, les sentiments et le caractère français (1).

Nous aussi, nous devons donc avoir ces cours et ces chambres des pairs, qu'on établit comme un camp fortifié au milieu d'un pays ennemi. Déjà les fondements sont jetés pour de pareils établissements par la riche semence de haine, jetée par nos gouvernements, qui ont paru se désespérer de se trouver en pays entièrement ami. Nous aussi, nous devrons donc nous contenter de cette comédie parlementaire et de ces chambres des communes qui ne reposent sur rien que sur les coteries de la capitale et des journaux, et qui seules doivent représenter la liberté, au milieu d'un despotisme général; qui, par conséquent, chancellent toujours entre la sédition et l'esclavage, et représentent éternellement cette comédie ennuyeuse de contenir les ministres, qui, de leur côté, cherchent à se conserver en

(1) *Voyez* encore l'Essai indiqué.

(*Note du traducteur.*)

équilibre avec tout l'art des sauteurs de corde, ou les chasser de leurs places et d'être chassés à leur tour.

Sans doute il est à espérer qu'en France aussi les institutions se consolideront avec le temps; des éléments puissants de vie publique se sont développés dans ce pays, et nous devons les estimer et les honorer chez la nation avec laquelle la paix nous a reconciliés. Il s'y est établi surtout une école dans laquelle se forment des hommes d'état instruits et expérimentés, qui peuvent facilement maintenir leur supériorité sur les élèves de notre école, qui ne nous a donné que des écrivains snas talent et sans énergie. Mais, toutefois, il s'est fait encore peu de chose pour le bonheur de ce peuple, et chez le nôtre aussi se trouvent de germes prêts à se bien développer, si, sans mépriser ridiculement ce qui est étranger, nous ne laissons point non plus périr par un oubli insensé, ce qui est indigène par l'imitation des autres.

Lorsqu'à cette différence de vues, se joignit d'abord le mécontentement, puis l'aigreur, et enfin l'exaspération du temps, lorsque des intérêts, se croisant en tout sens, confondirent tout, et qu'aux mal-entendus ordinaires se joignirent les fausses interprétations, lorsque la méfiance s'étant emparée de tous les esprits, empoisonna et corrompit tout ; alors est née cette terrible confusion d'idées qui distingue l'époque actuelle, dans laquelle personne ne s'entend plus ; dans laquelle les opinions parcourent toutes les sphères et se heurtent dans tous les sens ; dans laquelle, comme lors de la construction de la tour de Babylone, l'ouvrier auquel on demande du ciment apporte des pierres, et du bois quand il faut des tuiles, et dans laquelle, au milieu de la confusion des langues, d'après la plaisanterie des livres sacrés, un seul mot est resté commun à tous (1).

L'étranger Davoust répondit à des députés : « Vous n'avez point d'Allemagne, je ne connais que la Prusse, la Bavière, le Hanovre, etc. » Cette sentence est renouvelée maintenant, et le vœu de l'unité de la patrie est devenu une sottise d'après les uns et une haute trahison d'après les autres. La doctrine du jour est que l'Allemand est destiné à appartenir à tous les peuples dans sa haute universalité. En même temps le suisse, le colporteur, et le laquais de tout le monde, il ne doit pas, sous des peines sévères, se souvenir de sa patrie, déchirée en lambeaux ; il lui est permis

(1) Ce mot est celui de *sac*. (*Note du traducteur.*)

d'adopter toutes les modes les plus frivoles de l'étranger; mais quand la jeunesse essaie de rétablir l'ancien costume national, alors on lui reproche une sotte nationalité. Quand des artistes se réunissent pour faire connaître les productions de l'école allemande, afin de sauver, sous ce rapport, l'honneur de leur patrie, ils se voient de tous côtés insultés comme des révolutionnaires, et la cour à laquelle ils présentent les ouvrages qu'ils ont réunis, les renie devant leur patrie et devant l'étranger.

La croix élevée sur le champ de bataille de Leipsick a été arrachée, et cette action a trouvé des apologistes comme on devait s'y attendre. A chaque limite commence un nouveau patriotisme, que bientôt on gardera par des douanes contre l'invasion du patriotisme général : ainsi, le gouvernement saxon a des droits incontestables sur ses sujets. Napoléon a été enchaîné sur son rocher, de crainte que le vieux Samson aveuglé ne s'échappe, et que, saisissant encore une fois les colonnes du faible édifice européen, il ne s'enterre sous ses débris avec ceux qui le remplissent; mais chez nous, ses institutions restent en vigueur, et ses idées en vénération. La France cultive la liberté que nous lui avons apportée, et nous, pour récompense de nos efforts, nous avons rapporté chez nous son ancien esclavage.

Tout ce que nous avons dit et fait dans ce temps d'enthousiasme comme on l'appelle, doit être regardé par nous comme ces péchés de jeunesse, dont on ne se souvient qu'en rougissant. Quant à ceux qui veulent vivre encore dans les idées de ce temps, qui, dans leur entêtement et dans leur endurcissement, ne peuvent se complaire dans cette inconstance des choses, ils sont enchaînés comme des fous enragés, afin qu'on sache s'ils veulent s'accoutumer enfin à cette souplesse qui a fait conserver à d'autres individus un front serein au milieu de l'opprobre. Ceux-là, au contraire, se trouvent à la tête des affaires, qui, après avoir servi l'ennemi, après lui avoir dénoncé toutes les tentatives pour rompre les chaînes, ont l'audace de s'excuser maintenant en parlant de la *grande époque*.

Par un renversement si total en si peu de temps, le système entier des idées du peuple allemand est troublé, confondu et retourné. A l'un, tout ce qui est historique paraît une crédulité; à l'autre, toute défense du bon droit, un crime révolutionnaire; les opinions se croisent et se choquent dans une confusion extrême; aucun principe ne reste fermement établi, aucun lien n'existe entre les idées variées à l'infini; rien n'attache ce qui valait hier à ce qui vaudra demain; une mémoire courte, devenant plus courte de jour en jour, ensevelit le passé dans un heureux oubli. Selon les uns, tous les pays allemands possèdent des princes bien intentionnés; mais entre eux et le peuple, il s'est placé une perfide noblesse, l'origine et la cause continuelle de tous les maux, qui ne pense qu'à rétablir ses châteaux fortifiés, afin de rançonner les voyageurs, et d'exercer encore ses anciens droits féodaux (1). D'après les autres, il s'est créé dans l'empire une espèce de jacobins, qui préparent sourdement une révolution, et qui, après avoir versé le sang de tous les grands, proclameront la république une et indivisible. Les différentes classes, membres d'un même corps, ne veulent plus se supporter mutuellement; elles sont campées l'une contre l'autre, comme des peuples différents, et semblent prêtes à se combattre. Chacun, d'après ses vues et d'après ses intérêts, se construit son monde et sa constitution, mais aucun axe central ne réunit les prétentions di-

(1) On sait que la noblesse en Allemagne, avant la destruction de ses châteaux, rançonnait les passants et surtout les voyageurs, pillait le plat pays et mettait les villes à contribution. (*Note du trad.*)

verses. D'après l'exemple donné par les grands, personne ne veut consentir à un sacrifice ; et comme toute organisation sociale est fondée sur donner en recevant, et recevoir en donnant, il ne peut s'en établir une, parce que tout le monde veut recevoir et personne ne veut donner. Au milieu de la confusion générale, les gouvernements hésitent dans leur conduite ; les étoiles du ciel se sont voilées pour eux, leur compas terrestre chancèle et induit en erreur, la politique est leur règle, et la tradition les a abandonnés. Ce qui pourrait les aider leur inspire des craintes ; ce qui leur donnait de la confiance se brise et reste sans force dans leurs mains ; leur organisation parait à l'époque une pédanterie ; toute force et toute volonté leur semblent du jacobinisme. Ceux qui par la dignité et par la justice devaient séparer les partis, se sont mêlés aux combattants et, ayant pris parti eux-mêmes, ils ne peuvent être épargnés dans la chaleur du combat.

C'est principalement sur la jeunesse que cette discorde doit exercer une influence remarquable. Si réellement un nouvel esprit doit sortir de la destruction du passé pour donner une nouvelle forme et une nouvelle organisation au monde, alors il doit nécessairement naître dans la nouvelle génération, destinée à commander à la nouvelle époque. Que la génération, maintenant sur son déclin, se réjouisse par l'approbation de sa conscience sur ce qu'elle a fait; qu'elle déplore ses erreurs ou cherche à les défendre avec endurcissement. La nouvelle génération doit entrer dans l'histoire avec ardeur et avec courage; elle ne doit point mépriser l'expérience du passé, mais elle a droit de renoncer à l'héritage des erreurs et des folies de celle qui l'a précédée; surtout elle doit, par une participation active aux affaires publiques, se préparer à l'ouvrage qu'elle est destinée à terminer.

La jeunesse s'est acquittée de ce devoir avec honneur, alors qu'il fallait défendre la liberté avec le glaive. Retournés du champ de bataille, les adolescents ont rempli les universités, et leur esprit, nourri par les doctrines salutaires, s'est fortifié et s'est développé. C'est donc une folie d'accuser ce développement naturel; en le guidant seulement, la race mûre peut prouver sa sagesse. Si vous avez évoqué de bons esprits, pour quoi tremblez-vous à leur apparition? si vous avez appelé de mauvais esprits, alors payez votre faute par vos terreurs seulement; car, si vous êtes purs, les démons de l'enfer n'auront sur vous aucun pouvoir.

Ainsi, avant tout, il fallait montrer aux yeux de cette jeunesse une tranquille confiance; mais on lui a fait voir de la crainte, et par cette conduite, on a préparé à soi-même et à elle aussi, une foule de maux. Lorsqu'auprès des cendres de Luther on célébra, à Wittemberg, la fête du jour anniversaire de la réformation, l'esprit du réformateur, courroucé de ce qu'on approuve la réformation de l'Église sans vouloir permettre celle de l'État, si impérieusement exigée par le temps, accourut à Wartbourg, où quelques centaines de jeunes gens s'étaient rassemblés pour célébrer cette fête dans les dispositions semblables à celles qu'il mit au jour trois siècles auparavant. Le monde est instruit de ce qui s'y passa pendant le jour, dans les formes les plus dignes et les plus convenables; il sait qu'au soir, d'après l'exemple donné par le réformateur, on livra aux flammes les symboles de l'ancien esclavage et un nombre de livres, dont quelques-uns ne méritaient point ce sort, mais dont la plus grande partie était condamnée depuis long-temps par la nation.

Cette action pouvait faire naître des réflexions salutaires, puisque des rapports pareils avaient, après trois siècles, reproduit le même événement. Aux fautes commises alors par l'Église régnante, on pouvait prendre une leçon utile pour sa propre conduite; mais vouloir agir aveuglément et avec furie contre les symptômes de la maladie cachée, ne pouvait servir à rien. Il convenait encore moins de persécuter les jeunes gens pour une conduite qui ne devint importante que par les suites qu'on lui donna. Au lieu de prendre tranquillement la chose pour ce qu'elle valait, de louer ce qui était digne d'éloge, et de traiter ce qui déplaisait avec le ton de l'ironie, on se laissa entraîner par la première impression et par le cri de la vanité blessée, on remplit le monde d'accusations contre cet attentat inoui, on commença des recherches et on envoya des ambassades qui n'eurent de suites ni les unes, ni les autres, et, de cette manière, on donna aux jeunes gens une grande idée de leur importance, en même temps qu'on trahit le secret de sa faiblesse.

Lorsque les étudiants aperçurent le déplorable état dans lequel la division avait placé la patrie, ils résolurent de bannir au moins cette division dans la vie d'université, et de remplacer, par une *société générale* (1), les sociétés parti-

(1) Celle contre laquelle s'est déclaré la diète germanique dans ses fameuses résolutions.

(*Note du traducteur.*)

culières, fondées sur l'esprit de province (1). Si ces gouvernements voulaient absolument prendre connaissance de ce fait, ils auraient dû, par l'intervention des hommes qui possédaient la confiance de la jeunesse, diriger la chose de manière à ce que les sociétés particulières, fondées sur des rapports très-naturels, et qui, conséquemment, ne devaient point être détruites, fussent reçues dans la société générale, en sorte que celle-ci acquît de la force par cette alliance, et que les parties, à leur tour, obtinssent la tranquillité. Mais la moindre image de l'unité de la patrie suffit pour effrayer les gouvernements. La dignité morale et heureuse tranquillité, qui régnèrent dans la société générale, parurent inspirer plus de crainte que l'esprit turbulent qui distinguait les sociétés particulières; ainsi les dernières furent favorisées partout. Alors la discorde s'empara des universités, et elles devinrent le théâtre de cette confusion qui règne dans notre vie publique. La jeunesse qui défendait le prin-

(1) Autrefois il y avait aux universités allemandes des sociétés portant les anciens noms de quatre parties de l'Allemagne. Tous les jeunes gens faisaient partie d'une de ces sociétés, d'après le pays auquel ils appartenaient, et il existait une grande jalousie entre ces sociétés.

(*Note du traducteur.*)

cipe de l'unité, aigrie par la persécution qu'elle éprouva, inquiétée par l'hostilité qui s'attachait à tous ses pas, et par la méfiance qui surveillait toutes ses démarches, méfiance qu'effrayait même la discipline des écoles gymnastiques (1), se retira dans le secret. Là, réfléchissant sur la situation de la patrie, et se sentant appelée, d'après la conduite tenue à son égard, à établir bientôt un meilleur état des choses, la jeunesse dût acquérir cet esprit, qui, se montrant dans quelques événements, paraît avoir terrifié les gouvernements outre mesure.

La diversité d'opinions dans le parti libéral pénétra également au milieu des jeunes gens, qui ne furent point lents à choisir un parti. Pour eux, l'histoire n'existe que fort peu, et la leur propre n'a commencé qu'avec leur vie. Ce sentiment intérieur, qui voit l'avenir dans le passé, ne s'est point encore déclaré en eux et toute leur existence, expansive, pleine et fraîche encore, est celle du moment, qui croit contenir en elle tout ce qui se formera. Se connaissant des forces si libres, si actives, la jeunesse n'est

(1) On se rappelle sans doute que tous les gouvernements ont fait fermer les écoles gymnastiques établies par le professeur Jahn en 1813, et répandues dans toute l'Allemagne. (*Note du trad.*)

point disposée à considérer avec attention ce qui été autrefois; ainsi, conformément à l'impulsion de sa nature, elle s'est jointe plutôt au parti qui veut réformer le monde de sa main, et qui, comme l'industrieuse araignée, est en même-temps la machine à filer et l'adroite fileuse de l'étoffe créée par elle-même. Néanmoins, d'après sa position, la jeunesse allemande voulut aussi représenter le caractère germanique et être l'armure choisie pour reconquérir ce que le passé a eu de meilleur dans la lutte contre le présent dégénéré. Appartenant sous cette vue au parti historique, et souffrant la même persécution, elle se trouva en contradiction avec elle-même, contradiction qu'elle crut éviter facilement en faisant un pas de plus en arrière que n'avait fait la réformation dans l'Église, puisqu'elle remonta jusqu'à l'époque de l'histoire de l'Allemagne qui, dans la vie d'un peuple, peut s'assimiler à sa jeunesse.

Elle adopta ainsi l'opinion, que l'histoire mérite notre vénération, mais qu'elle a été précédée par un état de nature qui lui appartient également; maintenant donc que tous les liens de la société sont rompus, que tous ses membres ont perdu leur caractère primitif, que la vie et les familles des anciennes dynasties sont taries, un pareil état des choses est revenu extérieurement, et il s'agit d'établir une nouvelle organisation fondée sur une nature neuve. Selon ce principe, le *contrat social* revint, mais dans des formes germaniques. De même que peu d'années auparavant la jeunesse s'était plue dans des méditations sur la construction philosophique de l'univers, elle emploie maintenant les forces de construction aux relations sociales, et, après avoir parcouru les diverses dimensions de la constitution, les idées s'arrêtent enfin très-naturellement à une constitution républicaine.

Les événements eux-mêmes se chargèrent du soin de ne point laisser manquer d'aiguillon au zèle et à la passion. Madame de Krudner, quoique d'une piété un peu excentrique, mais bien intentionnée, bienfaisante et philantrope dans ses actions, fut calomniée par les prêtres, poursuivie par la police, et enfin reconduite en Russie de brigade en brigade par des gendarmes, et cela parce qu'elle avait prié avec le peuple, qu'elle lui avait prédit le jour du dernier jugement, et aussi parce qu'elle avait nourri les affamés. Alors l'empereur Alexandre envoya Kotzebue; et certes, si tout élan d'enthousiasme fait trembler les lâches de notre époque, cet homme qui avait commencé les premiers pas de sa jeunesse avec un capital d'infamie que d'autres ont peine à acquérir après une longue carrière, qui depuis était devenu l'idole de toute populace et l'horreur de tous les gens estimables, celui-là était l'homme tel que l'époque l'avait désiré. Tandis que les censures et les tribunaux étouffèrent tout ce qu'on pouvait dire pour le bien de l'Allemagne, il put s'établir au milieu du pays et insulter impunément tout ce qui était cher et respecté par le peuple. L'empereur, selon toute probabilité, l'avait envoyé dans des vues innocentes, pour qu'il lui servît d'observateur des mouvements et des directions des esprits en Allemagne, qu'il était difficile de comprendre. Mais ayant fait le choix le plus malheureux pour cet objet, la méfiance dut s'étendre de l'homme de ce choix sur le but de la mission même.

Cette méfiance ne fut que trop confirmée, lorsque Kotzebue, abusant de ses instructions, calomnia bassement des hommes respectables, et lorsque, sa méchanceté ayant été découverte, la sévérité des lois ne se dirigea point contre le calomniateur, mais, ce qui est difficile à croire, contre les calomniés, parce qu'ils avaient mis au jour l'œuvre de ténèbres. L'irritation publique s'accrut bien davantage encore lorsque l'écrit de

Stourdza, fait sans mauvaise intention, mais déclaré impudemment comme officiel, parla des Allemands et de leurs institutions d'une manière qu'aucun peuple ne peut souffrir de la part d'un étranger. Le mécontentement général excité par cet écrit, et plus encore l'influence qu'il exerça visiblement sur les gouvernants, l'indignation qu'on éprouva en voyant la Russie, sur qui l'on rejetait depuis long-temps l'espérance d'un autre avenir tant de fois déçue, abuser maintenant d'une manière si révoltante de notre faiblesse, en attaquant jusqu'à nos sentiments et notre vie intérieure, durent faire une profonde impression sur la jeunesse dont on attaquait si violemment les libertés, déplorables restes d'un état meilleur (1). Parmi tant de jeunes gens dont tout le cœur, toutes les pensées et toutes les actions étaient tournées vers la vie publique, il était presqu'inévitable qu'une étincelle de ce vaste incendie, si imprudemment allumé ne tombât toute brûlante dans la région des sombres puissances que renferme le

(1) On se rappelle sans doute que l'écrit de M. Stourdza était dirigé principalement contre les universités allemandes : la diète de Francfort a adopté dans ses fameuses résolutions, les vues du conseiller d'état russe.

(*Note du trad.*)

sein des hommes, et qu'elle n'éveillât les Euménides assoupies, pour que l'irritation continuellement excitée débordât enfin. SAND fut le premier qui rompit la digue; et celui qui depuis long-temps employait tous ses efforts à la miner, en fut aussi la première victime. Le jeune homme prit sur lui de s'autoriser lui-même à cette action et de l'exécuter de sa main. Lorsque la mesure fut remplie jusqu'au bord et prête à verser, celui qu'il cherchait fut livré dans ses mains. Lui-même donna son sang en expiation à Némésis irritée, d'après l'ancienne maxime que le sang demande du sang.

Cette action eut sur le peuple l'effet de l'éclair. Depuis les années du réveil de la nation, il n'était rien arrivé qui l'eût saisi et ému; ce qui était resté inintelligible et voulait se faire entendre, avait tout d'un coup trouvé sa définition; un événement terrible était devenu encore une fois le point dans lequel se réunissaient toutes les pensées. L'opinion se prononça bientôt : elle désapprouva l'action en approuvant les motifs; ce sentiment qui dit que la justice éternelle veille auprès des choses humaines, se renouvela; une lumière vive se trouva lancée sur la situation de la patrie; la participation aux affaires publiques devint plus vive; tels furent les résultats du mouvement général des esprits à cette occasion. L'opinion avait dépassé tout d'un coup le temps d'apprentissage; un sentiment profond et sérieux s'empara de l'époque, qui jusque là avait joué avec les événements.

Au coup qui avait ébranlé tous les esprits dans leur profondeur, succéda un second coup terrible et étourdissant, par cela même qu'il arriva immédiatement après le premier. Un jeune homme ayant depuis long-temps en horreur le système machiavélique qui enveloppait sa patrie, avait aigri par le feu de la colère un caractère bienveillant, tranquille, mais sombre, à un tel point qu'il se décida à briser par un acte de violence les chaînes qui pesaient sur son pays. Il avait choisi pour sa victime le président Ibell, qu'il regardait comme l'auteur de ce système. Mais ce n'est point un crime digne de mort quand, même par des moyens perfides, l'injustice s'empare de la tyrannie chez un peuple qui peut se refuser à la servitude par des moyens légaux. Un peuple ne peut recevoir la liberté en partage, qu'autant qu'il sait la mériter, et des actes violents ne peuvent jamais remplacer le manque de mérite.

C'était là la seconde erreur du jeune homme, en outre de la première qu'il avait en commun avec Sand; il a payé ces deux erreurs de sa vie. L'ange de la mort n'a point saisi celui qui fut attaqué, il a passé à côté de lui, en lui jetant un regard menaçant; il faut espérer que ce regard a été compris et que cette terrible catastrophe ne sera point perdue.

C'est un moment terrible et décisif que celui dans lequel a été versé le premier sang dans des troubles civils, celui dans lequel les premières victimes sont tombées. Avec ce moment commence un avenir plein de fatalités, qui se déroule en bien ou en mal, selon que brillent au firmament les bonnes ou les m uvaises étoiles. Nous devons regarder comme un signe favorable et un gage de la protection accordée par le ciel à l'Allemagne, que, comme cela est arrivé souvent, le crime dans toute sa nudité et dans sa froide atrocité n'ait pas donné le signal; cette violence a été commise par des mains pures d'ailleurs, et inspirée par un égarement du cœur; et par son double caractère elle laisse encore le choix du chemin de la lumière ou du chemin des ténèbres.

Ces réflexions n'ont frappé qu'un petit nombre de ceux qui ont parlé ou écrit sur cet événement et qui ont prouvé encore combien l'expérience des savants est inférieure au bon sens du peuple.

Certes tout le monde a dû convenir avec le professeur Steffens que l'action de Sand n'a point été conforme aux préceptes du christianisme. Mais Dieu excite souvent une vertu païenne, afin de punir l'hypocrisie chrétienne de ceux qui se décident légèrement à une guerre injuste dans laquelle périssent des cent milliers d'hommes, et qui ne se souviennent de l'Évangile ; qu'alors que la flamme qu'ils ont aperçue avec plaisir de loin embrase leur propre toit.

On a reproché à Sand un orgueil coupable, parce que, dans son individualité faible et bornée, il aurait osé se mettre à la place de la justice de Dieu et des gouvernements. Cette vue juste et vraie, quant à ceux qui tenteraient un jour d'imiter son action, pourrait bien ne point être chrétienne, étant appliquée à son auteur, qui déjà en a subi la responsabilité. Que répondrait-on si celui-ci se défendait dans ces termes : « Tu parles d'orgueil : prends garde que tu ne sois possédé toi-même d'orgueil chrétien ; puisque dans ta prière tu dis : je te remercie, ô Dieu, de ce que je ne suis point semblable à celui-là ! Crois-tu que je me sois décidé si légèrement à cette action, dont j'ai parfaitement connu la terrible responsabilité ? Crois-tu que Dieu aurait voulu corrompre une vie pieuse et pure jusqu'alors, par un froid orgueil et aveugler à un tel point un esprit jusqu'alors éclairé, qu'il n'ait pu se garantir de l'égarement d'une sotte vanité?

» Ne connais-tu point le sombre empire de l'abyme que renferme la nature? Que tu es heureux puisqu'il est resté toujours fermé pour toi! l'esprit a triomphé de toutes ses puissances ténébreuses et les a renfermées dans cet abyme; mais ces sources profondes du cœur humain pénètrent dans son obscurité. Toutes les passions cherchant à se déchaîner, se pressent autour de l'entrée que la religion et les mœurs tiennent fermée; et tant que les portes ne s'entr'ouvrent point, la vie reste pure. Mais lorsque, par le malheur des temps ou par un fatal égarement, le sceau est rompu et que les portes de l'abyme ont cédé aux efforts des passions, toutes les terreurs sortent de sa profondeur et s'élèvent comme une tempête. Elles saisissent l'homme avec une force surnaturelle, et sa volonté ne peut résister à la puissance formidable déchaînée contre lui. La nuit et toutes les furies de la vie, le suicide et tous les sanglants attentats sortent de ce gouffre. Il m'est apparu cet esprit que le Romain vit en Asie et près de Philippes, et il n'a triomphé de moi qu'après une longue lutte.

» Mais qui a ouvert les portes de l'empire ténébreux? qui a déchaîné toutes les passions? qui a par ses enchantements appelé toutes ces furies? qui a le premier empoisonné toutes les sources de la vie publique par la haine et par la méfiance? Lorsque les Romains s'emparèrent d'Édesse, les soldats pillant le temple et recherchant des trésors jusque dans les fondements de l'édifice, arrachèrent enfin la pierre qui, consacrée par les anciens mages avec des formules sacrées, tenait fermé le gouffre dans lequel ils avaient plongé la peste; celle-ci se répandit par l'ouverture sur toute la terre habitée et enleva le tiers de tout le genre humain.

» Vous parlez de christianisme, mais qui a le premier détruit sa puissance, en l'employant pour voiler l'avidité et toute passion vile? qui crucifie encore le Seigneur dans son église et joue ses dépouilles aux dés? Bien des gens professent sa morale dans leurs paroles, mais leurs actions n'y sont point conformes. Les cours sont pleines d'hommes qui demandent justice et équité, mais le juge n'est point là. Aussi le glaive oisif s'est-il remué de lui-même dans le fourreau et a frappé une tête coupable. Puisque tous tant que nous sommes nous ne pouvons éviter le péché, jugez humainement votre frère pour qu'humainement vous soyez jugés. Faites ce qui est ordonné par les lois humaines et divines, et l'abyme se fermera de lui-même et je serai la dernière victime qu'il engloutira. »

Des événements aussi sérieux durent nécessairement attirer l'attention la plus sérieuse des gouvernements. Ceux-ci sont placés au gouvernail de l'État, afin qu'ils dirigent le vaisseau à travers tous les dangers. Mais si les vagues mugissent, si la tempête s'est déchaînée, le pilote doit conserver sa tranquillité afin d'observer les mouvements. S'il veut vaincre le danger réel, il ne doit point trembler devant un danger imaginaire. Si le vaisseau semble pencher, il laisse la terreur aux inhabiles : d'un œil perçant et d'une main expérimentée il sait se servir de la fureur de l'élément même, afin que ces forces, quoique soulevées et rebelles, le mènent à son but. Plus les gouvernements possèdent dans leur nature le principe d'un moteur principal, moins ils doivent se laisser égarer par les divers mouvements qu'ils sont appelés à diriger ; apercevant les choses de la hauteur où ils sont placés, l'étendue de l'horison et le mélange des objets qu'il contient, ne doivent point les troubler ; saisissant toutes les têtes des éléments de la société, ils peuvent facilement se rendre maîtres de leurs mouvements.

Il existe dans toute organisation sociale une force conservatrice très-puissante ; le même instinct qui a formé cette organisation veille sans cesse à son maintien, et aucun gouvernement n'a besoin d'épier des menées secrètes par des moyens honteux. Car tant qu'un gouvernement conserve quelque chose de bien, tout ce qui est bon est avec lui en relation secrète et porte bientôt à sa connaissance tout attentat qui exige une coopération étendue. Aussi tant qu'il est resté maître des grands mouvements publics de la société, il ne doit point trembler pour des mouvements secrets, et moins en Allemagne qu'ailleurs ; il ne doit point abandonner une attention soutenue et une adroite influence partout où le besoin s'en fait sentir. Il doit attendre les malintentionnés à l'*exécution* en les prévenant, ou si cela n'a point réussi en les punissant. Le Gouvernement anglais surtout a donné l'exemple d'une pareille conduite. Pour les cabinets allemands, ils ont à peine compris les premières règles. Ceci a été prouvé surtout par ce qui a eu lieu nouvellement en Prusse.

Il paraît que, depuis plusieurs années, un certain nombre des habitants de Berlin a été attaqué d'une espèce de manie de visions, manie fondée sur les localités, sur l'air, sur l'eau ou sur quelque influence morale. Cette manie avait déjà produit dans des choses innocentes des scènes assez plaisantes. Le Gouvernement, depuis longtemps inquiété par ces visionnaires, leur avait cependant accordé moins d'attention depuis la journée du Wartbourg. Mais confondu par des événements plus récents, il résolut de se procurer de la lumière dans ces ténèbres, et dans cette intention il créa une commission armée de pleins pouvoirs pour tout genre d'inquisition. Cette commission aurait dû adopter le procédé analytique, réunir avec tranquillité les faits déjà connus aux faits ensevelis dans l'ombre, établir un système de preuves, et remonter autant que possible à la première cause par une suite d'inductions. A cette méthode trop longue et indigne du génie, la commission préféra le procédé synthétique; elle établit à ses propres yeux et à ceux du monde que tout ce qu'elle devait rechercher était un fait irrécusable, un dogme ou au moins une proposition prouvée d'avance par le bon sens; puis par un *salto mortale*, elle se précipita, de la hauteur où elle s'était placée, dans la réalité par des recherches conduites dans la sublimité du genre inquisitorial.

Ainsi on proclama devant l'Europe étonnée qu'une grande conjuration de haute trahison, crime punissable de mort en tout pays, était le centre des mouvements de notre époque; les deux assassinats de Kotzebue et d'Ibell furent annoncés comme des rayons sortis de ce centre. Afin d'acquérir des preuves écrites de cette supposition, on dirigea ces émissions d'agents de police vers toutes les parties de l'Allemagne, dans l'entière confiance que l'expérience confirmerait ce qu'on avait posé comme un fait absolu. Mais l'expérience s'est montrée rebelle envers cette métaphysique de la haute police transcendentale; au moins ce qui jusqu'ici est parvenu à la connaissance publique a été entièrement insuffisant pour remplir le vide qu'on ne peut combler.

Quels ont été les résultats de tant d'actions violentes? On a découvert une constitution débattue dans une société d'étudiants, et dont depuis long-temps un jeune homme s'est déclaré l'auteur, et qui n'aurait point attiré l'attention de cent personnes si elle avait été imprimée, dans laquelle enfin il n'y a rien de coupable tant qu'on n'essaie point de l'établir par la violence. On a trouvé encore une petite collection de sentences républicaines et de métaphores, dont en grande partie Goëthe et Novalis doivent être responsables, collection au reste qu'on aurait pu rendre plus forte vingt fois par des extraits des auteurs tragiques de toutes les nations. Puis on s'est appesanti sur les discours, recueillis par un élève et prononcés par un homme d'ailleurs irréprochable, mais qui de tout temps, peu mesuré dans la conversation, a trop imprudemment livré à la perfidie les épanchements de son cœur (1). On a saisi quelques poignards, dont un du temps de l'ancien costume germanique portait pour inscription: *Ornement du citoyen*; inscription aussitôt enregistrée par un zèle charitable comme admonition aux citoyens de s'orner d'armes meurtrières. Enfin on a obtenu, en violant le secret de la poste, quelques fragments de lettres dans lesquelles des jeunes gens se communiquaient mutuellement leurs pensées, d'un ton malheureusement trop animé par le sentiment d'un mécontentement violent. Les gouvernements, incapables de comprendre que des actions de la nature de celles commises par Sand et par Loening, ne peuvent être que le fruit de méditations qui n'ont pas même été communi-

(1) Cet homme est le professeur Jahn, enfermé dans une forteresse; c'est chez lui qu'on a trouvé les poignards. Quant à la constitution dont il est question plus haut, elle proposait pour l'Allemagne une république fédérative avec un roi électif.

(*Note du traducteur.*)

quées, ont voulu considérer ces actions comme résultats de quelque société secrète. Alors en voulant découvrir les chefs de cette union, ils ont souillé de leurs soupçons tout homme distingué par son caractère et par ses sentiments, sans réfléchir que celui qui, par ses conseils, voudrait animer la jeunesse à de pareilles actions sans prendre part à l'exécution, perdrait nécessairement toute sa confiance.

Ainsi on a maltraité de la manière la plus honteuse des hommes dont le caractère public et privé avait obtenu l'estime de la nation, des hommes qui n'avaient rien fait qui pût justifier un soupçon fondé, et sur lesquels en réalité on n'en avait point. On leur a envoyé des commissions pour examiner leurs papiers, parce qu'ils étaient suspects de menées coupables. Les commissaires, après avoir foulé aux pieds toutes les formes judiciaires, et après avoir donné au monde le moyen de juger le degré de prudence employé dans cette expédition, ont violé la paix de leurs maisons, et ont commencé sur tous leurs papiers, sans exception, même y compris ceux qui intéressaient leurs affaires domestiques, une inquisition à laquelle n'a manqué que la *vivisection* pour rechercher la pensée dans ses secrets ateliers. On a regardé des jeunes enthousiastes comme des criminels endurcis, et on a fait des recherches sur des sentiments qu'ils n'avaient point encore mis au jour et sur des paroles prononcées il y a des années et restées sans aucun effet. N'ayant rien trouvé nulle part, on s'est excusé avec cette maxime inouie, qu'on n'a point cru les rendre suspects en cherchant auprès d'eux des choses suspectes, doctrine qui livre l'homme le plus innocent à la violence du pouvoir arbitraire.

On a souvent accusé l'inquisition espagnole, parce que jamais elle n'instruit ses victimes de leur prétendu délit. Comment alors qualifier un procédé qui établit le crime dans ses hypothèses, et qui ensuite cherche les coupables, et accuse, selon ses caprices, tout homme d'honneur de l'avoir commis; procédé d'après lequel si, en pareille circonstance il pouvait être question de conséquence dans ce système, on condamnerait le prince même comme le premier démagogue de son pays en le jugeant d'après sa conduite en 1813 et en 1814? Aussi cette manière d'agir a déjà sévèrement puni ses auteurs; le monde, qu'on a rempli du bruit de la conspiration, attend les preuves qu'on ne peut trouver. On a pris l'Europe à témoin du crime, on lui a promis des coupables de haute trahison, elle les attend, et on ne sait où les trouver. Certes, si la Prusse, depuis la guerre de la délivrance, a encouru le reproche d'un orgueil inconvenant, il faut avouer alors qu'elle en a été punie cruellement. Peut-être qu'un jour tous les gens de bien se réuniront pour délivrer de ce fatal prestige un gouvernement dont les bonnes intentions méritent en général un meilleur sort, et pour employer de concert toutes les voies légales afin de mettre un terme à la démence de quelques hommes, qui disent qu'il y a cinq degrés de conjuration : les élèves des tournois, les étudiants à poignards, les chefs et les inconnus; tandis qu'eux-mêmes sont ces inconnus qu'ils cherchent. Ils ressemblent à cet honnête bourgeois qui mit le feu à sa maison pour détruire les souris. Quand malgré leurs procédés despotiques ils n'ont pu rien découvrir, ils ne renoncent point encore à la méfiance, parce qu'ils se persuadent que leurs efforts ont été infructueux, par la raison qu'ils n'ont pas été suffisamment adroits et que malheureusement le vrai coupable a échappé à leur vigilance. Dans toute cette affaire la chose qui a frappé avant tout l'Allemagne attentive, c'est que les années se passent sans aucun résultat quand il s'agit d'opérer le bien par une coopération commune, tandis qu'il n'a fallu que peu de jours pour organiser depuis le Holstein jusqu'à Fribourg, cette chasse générale aux conspirateurs.

Cette conduite des gouvernements exerca de toute nécessité une influence profondément désagréable sur la nation. Déjà les esprits étaient violemment aigris, et il ne manquait qu'une faute pareille pour soulever entièrement tous les cœurs attachés à l'honneur de la patrie. Le mécontentement, la haine, le mépris, la méfiance et toutes les passions funestes qui déjà avaient trouvé trop d'aliment dans les événements antérieurs, furent poussées à un degré que l'arrangement de nos affaires publiques, problème qu'on pouvait résoudre en jouant il y a quatre ans, menace maintenant de devenir insoluble à des forces humaines. Une conférence de ministres tenue à Carlsbad dans cet état de choses, devait trouver quelque moyen de sortir de cet embarras; pour la première fois les circonstances exigèrent impérativement que des diplomates, qui jusqu'ici avaient tout terminé par la voie négative, prissent des mesures positives auxquelles personne ne s'est préparé. L'Autriche surtout parut mettre un grand intérêt à cette assemblée. Ce pays avait cru conserver son repos, en refusant de faire partie de l'empire désorganisé, mais personne ne se détache d'une union devenue historique à si bon marché en ne conservant que le gain. Après avoir perdu toute sa popularité par un essai infructueux, la véritable inquiétude commence à venir.

Sans cesse l'histoire tient son tribunal; maintenant que les Français ont été punis de leur ambition et de leurs erreurs politiques, elle recherche d'autres péchés déjà expiés par la crainte et par des regrets.

Comme tout le système des gouvernements était calculé sur la certitude que rien n'arriverait, ils se trouvent maintenant dans un grand embarras, puisqu'effectivement il est arrivé quelque chose, et qu'on doit s'attendre à voir arriver autre chose encore. On avait inventé et mis en œuvre une machine pour anéantir les espérances par l'immobilité seule, et cette machine a été long-temps d'une grande utilité; mais actuellement que la crainte s'est emparée des habiles mécaniciens, leur invention refuse tout service qu'on demande dans le moment du véritable besoin. On n'a point su s'accorder avec un seul principe d'opposition, mais on a laissé se développer toute dissonance au point qu'il est impossible de former une harmonie générale. On a admis tout ce qui s'est présenté. On a mélangé superficiellement ce qui n'était point homogène. Enfin, maintenant que la nature se soulève contre cette effroyable confusion, on a pris toutes les mesures pour qu'aucun moyen convenable ne puisse y mettre un terme. Toute chose sensée est contre-balancée par une chose insensée, toute force est détruite par une impuissance opposée, tout mouvement est arrêté par un mouvement inverse; ainsi tout effort doit se perdre en vaines délibérations.

Voulait-on, s'attachant en apparence au parti historique, expliquer l'article 13 de l'acte fédératif par le rétablissement des anciens états de corporation dans tout leur système vicieux du dernier temps, alors on se mettait en contradiction avec ce qui a déjà été fait sous le rapport des constitutions et avec ce qui est annoncé à ce sujet. Ces corporations d'ailleurs sont détruites en différents lieux et le parti historique ne se laisserait point gagner à si bas prix. Ce qu'il veut n'est point l'abatardissement du dernier siècle. et il est encore moins disposé à servir de prétexte à l'arbitraire démasqué. Voulait-on prononcer par quelque décision arbitraire sur des rapports dont pour la première fois il a été fait mention dans la chambre des députés de Baden (1), et

(1) On se rappelle que les députés badois demandèrent

rendre obligatoires pour les chambres, sans considération pour les états, les résolutions de la diète; on pourrait sans doute se permettre encore un pareil acte, mais comme alors toute constitution devient pleinement illusoire, il doit s'élever par cette raison une lutte entre les convenances de l'autorité et la nature des choses; et comme celle-ci est à la longue la plus forte, la lutte se déciderait bientôt en sa faveur. Voulait-on créer en faveur de la diète une force exécutive? mais la nation s'est éloignée de cette institution qu'on a été trop accoutumé à regarder comme un état provisoire. La nation ne veut pas non plus d'un fantôme d'empereur sans chambre représentative de l'empire. L'occasion favorable s'est présentée une fois devant les puissants, et ceux-ci ayant négligé de la saisir, elle s'est tournée d'un autre côté.

Que peut tout l'art diplomatique contre la force puissante de la nature, qui de jour en jour se développe davantage dans les peuples? Un coursier frappant la terre de son pied peut faire jaillir la première source d'un fleuve, qu'aucune

une explication sur la nature de l'autorité de la diète germanique; cette explication fut refusée alors; on connaît maintenant les raisons de ce refus.

(*Note du traducteur.*)

volonté humaine ne pourrait arrêter dans son cours. Les chambres établiront leur droit de délibérer sur les résolutions de la diète; par leurs efforts réunis, elles constitueront la seconde chambre de l'empire; et quand une fois on agira de concert, on sentira de soi-même la nécessité de fortifier, à côté du parlement général de l'Allemagne, le pouvoir exécutif général, en le concentrant également. Voilà la marche naturelle des choses et celle de l'histoire, qu'aucun despotisme impuissant des hommes ne fera changer de direction, et qu'aucun congrès n'arrêtera. La nation veut l'unité, et son vouloir est comme la croissance des arbres, comme le vent qui souffle; aucun effort ne peut lui opposer une barrière. Ce que les gouvernements établissent par leur accord mutuel pour établir cette unité est reçu comme progrès direct; ce qu'ils cherchent à lui opposer mène au but indirectement comme toute résistance qui arme contre elle une force plus grande.

On ne peut donc en aucune manière attendre le salut de l'Allemagne de l'art diplomatique; la crainte et l'espérance basées sur cet art seraient également vaines. L'éclair descendu des nuages a frappé le chêne (1); sa couronne ne verdit

(1) Le chêne est l'arbre national de l'Allemagne; c'est

plus mais sa racine dans la terre et la sève de son tronc ont conservé leur vigueur et doivent pousser de nouvelles branches. La force qui anciennement avait porté l'arbre jusqu'au ciel, après avoir atteint le but de son élan, s'est arrêtée d'abord, puis descendant de nouveau vers sa source, elle s'y est renouvelée et rafraîchie, afin de pousser vers le ciel une autre branche. Aussi toute l'histoire de l'Allemagne depuis plus de trois siècles, n'est que stérilité et langueur; aussi toutes nos institutions ne poussent dans la société que des rameaux dépouillés et sans vie; aussi un esprit de destruction règne dans l'édifice de l'État; on y entend comme dans des ruines anciennes ce craquement sourd aux parois et aux fondements qui semble annoncer que la dent du temps ronge la construction. Les colonnes se fendent, les pierres se détachent, les murs fléchissent et le lierre qui les enveloppe les empêche à peine d'écrouler. Mais la masse toujours en secrète union avec le rocher dans lequel elle a été taillée, et vivant avec lui dans cette vie commune de la nature qu'on ne peut détruire, est encore dans toute sa vigueur après

celui par lequel les poëtes de ce pays désignent souvent leur patrie.

(*Note du trad.*)

mille ans, et capable de recevoir de nouvelles formes.

Autrefois quand les états étaient parvenus à ce point de décadence, la Providence employait le moyen de l'émigration des peuples; des flots de Barbares se répandaient sur les nations languissantes; la vie arrêtée était rafraîchie par un sang nouveau, et les branches desséchées refleurissaient. Ce moyen n'existe plus depuis que la civilisation a détruit les anciennes forêts, et que la charrue a dompté la terre au profit de l'homme. Mais cette civilisation a ouvert la communication avec un nouveau monde qui, par des forces morales, remplace cette force physique épuisée, et qui joue un grand rôle dans les révolutions des États. C'est ce monde mystérieux des idées qui plane au-dessus de toute notre existence et qui anime toutes les formes. De même que, selon la croyance, les âmes descendent du ciel pour animer les corps, pour traverser la vie terrestre, et retournent ensuite à leur premier séjour, ainsi les idées servent d'âme aux États et leur donnent la véritable existence. Mais quand un État vieillit, l'idée qui l'avait animé et qui d'abord le pénétrait tout entier, devient de plus en plus étrangère à la matière; alors de conservatrice elle devient destructive, et parce qu'elle veut se construire une demeure nouvelle, elle dissout les liens de l'ancienne organisation, afin de faire place à la création nouvelle.

Ainsi il arrive dans ces temps intermédiaires entre un ordre ancien et un ordre nouveau, que les idées traversent toute la société avec la rapidité de l'éclair, embrasent toutes les têtes comme un incendie porté sur les ailes des vents. On ne sait point comment la pensée se répand, si c'est par la respiration, par un véhicule commun qui réunit tout; si c'est le langage ou une apparition ou quelque symbole secret. Tout d'un coup les hommes ont tous adopté une même opinion, et plus on cherche à arrêter les progrès de la flamme, plus elle se répand. Cette flamme c'est l'esprit vital de l'union sociale, qui, dégagé de ses liens affaiblis et libre maintenant, ne suit plus de lois, se place d'abord sur les têtes des organes du temps comme ces langues de feu descendues sur les têtes des apôtres, et puis pénètre comme une vapeur légère dans tous les esprits, afin de les vouer à l'œuvre nouvelle. Aussi de toutes les démences la plus impardonnable est celle de vouloir arrêter cette grande œuvre de création, et d'entreprendre la lutte contre les idées, lutte dans laquelle personne n'a triomphé. Il faut au contraire laisser cet œuvre se perfectionner tranquillement et faciliter adroitement son action. Alors les idées opèrent sans secousse, par une lente métamorphose, la réorganisation et le renouvellement; alors elles ne laissent de côté que les choses devenues inutiles et elles s'établissent par un accord pacifique dans leur nouvelle demeure. Mais quand on veut brusquement les arrêter et les repousser de leur but, alors elles se soulèvent en fureur; la guerre terrible des passions commence; de toutes leurs forces elles poussent à la violence et à un renversement total, et de tous côtés ce cri se fait entendre: Que le glaive des idées tombe sur la tête de ceux qui osent leur résister!

A nous aussi deux chemins sont ouverts pour dépasser le point de passage auquel le temps nous a conduits. Ou bien nous permettrons aux idées de s'établir paisiblement au milieu de nous, ou bien nous nous laisserons conquérir par elles, au risque de tout, dans une révolution. On ne peut méconnaître que la marche des choses nous conduit vers cette dernière route. Depuis long-temps même, les partis sont attaqués du véritable symptôme des révolutions, puisqu'ils ne veulent plus s'entendre.

Nous avons su entasser dans notre époque toutes les différentes causes dont chacune en particulier était réputée suffisante autrefois pour produire des révolutions et des soulèvements; des taxes et des impôts oppressifs, des changements arbitraires des lois et des coutumes, la violation des libertés et des priviléges, l'oppression générale, la préférence accordée à des hommes sans mérite et sans vertu pour les emplois publics, l'abus des armées permanentes et des factions poussées au désespoir, tels sont les moyens employés pour produire cette rare unanimité des esprits dans le mécontentement. L'amour et la confiance ont disparu, l'ordre public ne repose plus que sur l'instinct de l'obéissance, trop profondément enraciné dans le cœur humain. Cette dernière planche de salut pour les gouvernements sera aussi jetée aux vagues, puisque des plaintes continuelles qui n'obtiennent jamais justice, et des mesures qui révoltent le bon sens n'excitent que trop à une juste résistance, et préparent par conséquent la voie à toute conduite illégale et à la disposition des esprits à se procurer justice eux-mêmes.

Maintenant donc qu'on a trop long-temps continué ce jeu hasardeux, l'idée de la possibilité d'une révolution s'est emparée soudainement de toutes les têtes, et a été reçue d'un côté avec une terreur mortelle, de l'autre avec une légéroté, digne de reproches. Une révolution est comme la mort, qui ne fait trembler que les lâches, mais avec laquelle la frivolité seule ose jouer. Ces catastrophes ont une importance si terrible dans l'histoire, leur influence est si profonde, que les hommes insensés ou désespérés peuvent seuls les invoquer. Un bouleversement total de l'ordre établi ne peut être que l'œuvre des passions; aussi la religion, les mœurs, l'esprit, la science, l'expérience, tout en un mot lui paraît obstacle, et, comme dans les accès de la fièvre chaude, la nature compatissante emploie le délire pour voiler l'esprit, afin qu'il n'affaiblisse point les forces vitales par une fatigue inutile; ainsi un peuple doit, dans des paroxismes pareils, parvenir à l'état de démence, si réellement la maladie doit avoir une forte crise. Aussi c'est une chose qui paraît facile dans le commencement: les faibles sont obligés de céder devant de grands talents; tout semble promettre un heureux résultat; un sentiment de vie peu ordinaire, et un enthousiasme nouvellement créé ne font paraître d'abord que ce qu'il y a de plus favorable. Les premiers partis qui entrent sur la scène contiennent le plus grand nombre d'hommes bien intentionnés. Mais comme l'axe qui joignait tous les éléments de l'union sociale est rompu, et que chacun d'eux suit les lois de sa pesanteur, la domination du parti attaché aux principes, qui ne veut réellement que l'ordre et la mesure convenable, ne peut exister longtemps; et comme les forces spirituelles perdent de leur influence, les forces animales doivent prendre le dessus et tenir les rênes des affaires dans un moment qui en réalité est celui du règne des puissances physiques. Aussi tout parti succédant à un autre doit surpasser le précédent en toute espèce d'exagération. Celui qui réussit à s'approcher d'un pas de plus de l'extrême, renversera indubitablement celui qui est plus modéré. Aux *protesters* et aux *résolutionners* succèderont, comme en Angleterre, les *millenaires* qui ne reconnaissent aucun gouvernement; après ceux-ci viendront les *niveleurs* qui demanderont l'égale répartition des biens; enfin on verra les *antinomiens* qui rejetteront jusqu'aux devoirs envers le peuple comme une tyrannie. Ainsi dans la France les girondins, les jacobins, les cordeliers se sont succédé, ainsi se joignirent dans les Pays-Bas les briseurs des images aux *gueux*, parce que toujours la démence d'un degré précédent paraît de la froideur au degré suivant. Cette marche continue jusqu'à ce que pas à pas tous les degrés de la scélératesse des hommes aient été parcourus, que tout ce qui existait ait été renversé, enterrant sous ses débris tout ce qui paraissait inébranlable, que tout ce qui dominait soit applani, et que toute propriété ait changé de maîtres.

Quand de cette manière la nature s'est épuisée dans des fureurs anarchiques, l'autorité d'un seul reparaît par une réaction inévitable; elle soumet facilement les forces fatiguées, ensuite, comme la vie profondément remuée a fait naître une direction centrifuge et de grandes contradictions, cette autorité s'empare de tout, monte peu à peu jusqu'au despotisme le plus révoltant, et parcourt une suite de crimes d'un genre opposé à celui de l'époque précédente: enfin, quand tout ce cercle est parcouru, une catastrophe intérieure ou extérieure ramène les extrêmes vers un juste milieu. Voilà la marche qu'ont suivie la révolution anglaise comme la révolution française et comme toute autre. Une révolution allemande ne ferait point d'exception à cet ordre de la nature, puisque la guerre des paysans a déjà montré que si le sang est moins vif chez nous, il n'en est pas moins facile de pousser le peuple à tout. En Allemagne une idée nouvelle s'est jointe encore aux idées qui ont tout changé en France; c'est l'idée de l'unité qui chez nous doit rendre la fermentation plus forte encore qu'elle n'ait été nulle part ailleurs. Une révolution en Allemagne se terminerait par l'expulsion de toutes les familles régnantes, par la destruction de toute discipline religieuse, par le massacre des nobles, par l'établissement d'une constitution républicaine. Ensuite lorsque l'Allemagne aura trouvé un Wallenstein plus heureux que celui du seizième siècle, comme tout peuple révolutionné devient nécessairement un peuple conquérant, elle sortirait de ses limites et renverserait jusqu'aux limites de l'Asie le système caduc de l'édifice d'état européen. Mais elle achèterait cette révolution au prix du sang de plusieurs millions de citoyens, de la destruction de la moitié de la génération croissante, de l'anéantissement de son bien-être, du ravage de ses provinces par une longue guerre, et définitivement elle ne conserverait point d'avantage réel qu'elle ne puisse obtenir maintenant à meilleur prix

Un avenir pareil ne peut tenter ni les gouvernements, ni les peuples, ni même l'étranger qui croirait peut-être profiter de nos troubles civils. Ainsi tous les partis doivent s'accorder à suivre la première route, la route paisible. Mais l'état des choses ne permet point de tenter d'abord tout autre moyen pour revenir en cas de danger à celui-là. Tant que les passions ne sont point déchaînées, on peut parler raison, et la réforme peut s'opérer sans secousse et sans tumulte. Mais quand une fois on est venu au bord de l'abyme, alors les exhortations et les conseils sont inutiles autant que si on voulait arrêter par des paroles les tremblements de terre et les tempêtes; alors on ne s'informe plus des suites; l'étincelle incendiaire court tant qu'elle trouve des matières inflammables, et les détonnations se succèdent rapidement. Aussi plus la mer annonce la prochaine tempête, plus la multitude fait entendre ses murmures, plus l'égarement s'est emparé des gouvernements, plus il est nécessaire que les partis s'entendent au moins sur ce point, que par des efforts réunis on change le mouvement incertain et violent dans un mouvement doux et régulier, et que provisoirement on prévienne l'inondation en empêchant que les digues ne cèdent à la fureur des flots (1).

(1) L'ouvrage de M. Goerres pourrait se partager en deux parties, l'une, que j'ai traduite, qui est la partie politique; l'autre la partie philosophique, que j'ai renoncé à donner au public français, par plusieurs motifs. D'abord pour l'intelligence de cette partie il faut posséder la philosophie allemande, il faut connaître l'histoire

POST-SCRIPTUM (1).

Ayant appris qu'on prépare à Paris une traduction de mon ouvrage, je me crois obligé d'y ajouter quelques mots afin d'établir le point de vue sous lequel il doit être considéré.

de toutes les provinces germaniques, de leurs institutions, etc. La partie que j'ai traduite est celle dans laquelle un homme doué d'une sagacité fort rare, d'une énergie que le lecteur aura su apprécier, d'un amour de la justice et de la vérité qui ne lui permet point de voiler sa pensée, a peint la situation de sa patrie et jugé les actions des gouvernements. C'était la partie intéressante pour le public européen. L'autre est celle dans laquelle l'auteur développe ses vues pour constituer l'Allemagne en évitant une révolution. Ces vues, qui certes ne seraient point à dédaigner, ont une chose contre elles comme toutes vues spéculatives; les gouvernements ne s'en empareront point; et disons-le, la nation encore moins si la révolution avait lieu. Je ne l'ai donc point traduite, et je me flatte que M. Goerres appréciera lui-même ce parti, que plusieurs de ses plus chauds admirateurs m'ont conseillé même de suivre. (*Note du traducteur.*)

(1) M.Goerres a eu la bonté de me faire parvenir cette pièce qui ne se trouve point dans son ouvrage. Elle aurait dû composer la préface, mais déjà les premières feuilles étaient tirées lorsque je la reçus.

(*Note du traducteur.*)

En premier lieu il ne faut point perdre de vue que la situation des affaires publiques en Allemagne, loin d'être la même qu'en France, lui est, sous plusieurs rapports, diamétralement opposée.

En France, le tiers-état a fait la révolution. Éprouvant de la résistance de la part des autres états, il a détruit leurs priviléges et a triomphé d'eux après une lutte peu longue. Quand ensuite la dynastie, l'aristocratie et le haut clergé émigrèrent avec l'ancienne histoire dont ils étaient les principaux éléments, la révolution qui s'était soutenue pendant vingt-cinq ans devint une histoire nouvelle, qui lutte maintenant avec celle qui est rentrée. Dans ce combat entre les nouveaux et les anciens intérêts, le syncrétisme établi et fixé par la Charte cherche à se consolider par le conflit des partis.

En Allemagne on observe tout le contraire : là ce n'est point le tiers-état qui a fait une révolution; ce sont au contraire les cabinets qui en ont fait une sous la protection d'une puissance étrangère. Ils ont expulsé de l'empire le haut clergé, et ils ont partagé entre eux ses possessions. Ils ont de même détruit la haute aristocratie immédiate de l'empire; ils se sont emparés de ses biens. Quant à la noblesse, depuis long-temps elle a été subjuguée entièrement; les antiques libertés du tiers-état n'ont point résisté aux envahissements du pouvoir, appuyé par les baïonnettes étrangères. Par le même moyen les princes sont parvenus encore à détruire l'unité de l'empire. A l'ensemble de ces usurpations et de ces actes despotiques, ils ont donné le nom de *souveraineté*.

Telle était la situation des choses lorsqu'en 1813 la nation allemande se souleva contre le joug étranger. S'en étant délivrée, elle tourna ses regards vers ses affaires intérieures, et trouva bientôt que ces usurpations du pouvoir, qu'on paraissait vouloir défendre à tout prix, étaient les obstacles principaux à son bien-être et à son salut pour l'avenir.

Dès cette époque s'éleva cette lutte qui agite l'Allemagne dans tous ses éléments; cette lutte entre les libertés historiques et anciennes du tiers-état et les prétentions de cette *souveraineté*, qui défend avec toutes ses forces et avec tous les moyens son histoire de peu de lustres contre celle qui date de plusieurs siècles, et que réclame le peuple avec l'unité et la liberté.

Voilà en peu de mots le véritable état des affaires de l'Allemagne, qu'il est impossible de comparer avec celui qu'on observe en France.

Chez nous ce sont les partisans du despotisme qui se servent des formes et des actes du jacobinisme, tandis que les amis de la liberté défendent en partie les principes des *ultra* français. De là est résultée cette confusion qui au premier abord trouble et confond le spectateur étranger qui contemple ce mouvement.

C'est dans la conviction de cette différence de position qu'a été composé mon ouvrage, revendiqué, comme l'expérience l'a démontré, par les libéraux et par les *ultra*, mais dont le véritable caractère se fait connaître aisément par la persécution qu'il m'a attirée.

Comme l'Allemagne attend encore une Charte dans laquelle la lutte des partis puisse se concilier, il est du devoir des écrivains de diriger constamment leurs efforts vers ce point, qui seul peut amener une réconciliation. Un peuple qui se voit menacé d'un côté d'être assujetti au joug du despotisme dans son intérieur, sans que rien le garantisse des attaques de l'étranger; et qui de l'autre côté prévoit toutes les horreurs d'une révolution, doit, par la nature des choses mêmes, chercher un point de ralliement auquel tous les partis, malgré leur animosité, soient obligés enfin de se soumettre, à moins de vouloir courir les chances d'une explosion terrible et de tous les extrêmes.

Ce peu de mots explique aussi par quelle raison je me suis déclaré dans ma patrie d'une manière si absolue contre la singerie du libéralisme français. Je suis convaincu qu'il existe en France un parti puissant d'hommes loyaux, désintéressés et bien intentionnés, qui défendent tout ce qui est juste et vrai, et forment la véritable opinion publique dans ce pays. Celui qui, par un sentiment d'hostilité absurde, entreprendrait de nier cette vérité, commettrait une folie dont les suites retomberaient sur sa propre tête. Mais, jaloux d'une part de l'honneur et de l'indépendance de ma nation, j'ai désiré qu'elle se formât des maximes et des signes individuels pour des rapports qui lui sont individuels. J'ai voulu de l'autre part proscrire ce libéralisme de courtisan qui, dans sa servile bassesse, sert tout despotisme et encense tout pouvoir, et qui en revanche cherche à se tromper lui-même, et à en imposer aux autres par de grands mots de liberté et d'indépendance.

Strasbourg, ce 26 octobre 1819.

J. GOERRES.

CONSIDÉRATIONS

SUR LA

POLITIQUE DES GOUVERNEMENTS DE L'ALLEMAGNE;

PAR C. A. SCHEFFER.

CONSIDÉRATIONS

DE LA

POLITIQUE DES GOUVERNEMENTS

DE L'ALLEMAGNE.

Depuis que M. Goerres a peint la déplorable situation de sa patrie, depuis que son écrit saisi par ordre des gouvernements et réimprimé dans toutes les parties de l'Allemagne, attire sur l'auteur une persécution honorable, de nouveaux événements se sont succédé avec une rapidité incalculable et ont réalisé toutes les craintes des amis de la liberté.

Jusqu'au jour où les résolutions de la diète germanique *ont été publiées*, les gouvernements de l'Allemagne, éludant toujours l'exécution de leurs promesses, s'étaient renfermés dans un système négatif. Persuadés de la justice des réclamations de la nation, ils semblaient craindre de choquer de front l'opinion publique, fortement prononcée contre l'arbitraire. On semblait disposé même à des demi-concessions qui auraient satisfait les vœux les plus pressants et qui auraient pu établir peu à peu des institutions constitutionelles.

Le congrès de Carlsbad a terminé ses travaux et tout a changé de face.

La diète de Francfort, presqu'oubliée dans sa longue nullité, cette assemblée des ministres sans aucun caractère national, et qui cependant devaient représenter la nation entière, cette diète qui, dans le temps de la famine, n'a point eu le pouvoir d'alléger la misere generale en rétablissant la circulation des grains (1); qui malgré ses résolutions répétées n'a pu contraindre un des princes les moins puissants de la confédération à respecter les actes du congrès de Vienne (2); cette diète, connue seulement par le langage obscur qui régnait dans ses actes, a acquis tout d'un coup un droit de souveraineté absolue sur toute l'Allemagne. Elle n'avait pu rétablir l'unité de la patrie par une confédération solide; et sans qu'un nouveau pouvoir lui ait été accordé, elle a réuni toute l'Allemagne dans un même despotisme. Elle n'avait pu établir la liberté de la presse, selon l'acte fédératif, et par un changement soudain elle s'est trouvée assez puissante pour la détruire. Elle était instituée pour veiller

(1) Voyez pages 24 et 25.

(2) L'affaire des acquéreurs de domains en Westphalie.

à l'exécution de l'article treize, qui assurait des états représentatifs à toute l'Allemagne, mais sans hésiter elle a enfreint toutes les constitutions existantes. Elle n'a pu protéger les antiques droits des universités, mais dans sa toute-puissance elle les a tous détruits. Rien ne semble pouvoir lui résister; les princes, les peuples qui refuseraient d'obéir à ses ordres, seront contraints à la soumission par l'exécution militaire.

Elle s'est érigée en haute cour justicière de l'Allemagne, dont tous les citoyens sont devenus, par un coup de plume, les justiciables qu'aucune loi ne peut soustraire à des jugements auxquels les volontés de la commission inquisitoriale serviront seules de base.

Il importe de ne point se tromper sur la nature de ces *résolutions*; il est indispensable de connaître leur source afin de ne point se tromper dans de vaines conjectures, et dans des espérances sans aucun fondement.

On a prétendu que plusieurs souverains désavouaient les actes de la diète; qu'une grande puissance du Nord en a marqué du mécontentement : qu'on réfléchisse et on abandonnera ces idées chimériques.

Qui a nommé ces agents diplomatiques dont la réunion a été si pompeusement appelée une diète germanique? de qui recevaient-ils leurs instructions? de leurs gouvernements sans aucun doute. Pourrait-on penser d'ailleurs que quelques ambassadeurs oseraient, de leur propre autorité, enfreindre les droits de souveraineté, dont jusqu'ici on s'est tellement montré jaloux, qu'on y a sacrifié le bonheur et l'indépendance de l'Allemagne (1). Il faut donc voir les choses comme elles sont; l'erreur perpétuerait l'esclavage; la conviction de la réalité peut seule le détruire.

Les résolutions de la diète de Francfort ont été concertées depuis long-temps par les cabinets de l'Allemagne, inquiétés par le caractère du siècle, qui exige impérieusement des institutions libérales. Pleins du souvenir du despotisme commode qu'ils exerçaient sur leurs sujets, l'image de la liberté les a glacés d'effroi. Ils ont mis de côté leurs haines et leurs prétentions, et, dans un accord parfait, ils ont commis envers leurs sujets le parjure le plus manifeste dont jamais gouvernements se soient rendus coupables. L'esprit le plus ombrageux n'aurait osé exprimer des craintes qu'ils n'aient réalisées. Qu'on relise les arrêts rendus à Francfort contre la nation Allemande et on verra jusqu'où peut aller l'arbitraire.

(1) Voyez à la fin les résolutions de la diète germanique.

Il ne s'agit donc plus d'espérances qu'on peut fonder sur les bienveillantes intentions des princes, sur la sagesse de leurs ministres. La Prusse, le Bade, la Hesse, la Bavière, ont mis aussitôt en exécution ce qu'une simple volonté de leur part suffirait pour anéantir. Il existait une route pour éviter une révolution en Allemagne; on a suivi celle qui doit y conduire inévitablement (1).

Qu'on ne s'y trompe point : les gouvernements ont reconnu eux-mêmes le danger, quoiqu'ils s'y soient exposés volontairement; ils l'ont reconnu, mais le moyen qu'ils ont choisi pour en triompher ne vaut rien à la longue. Ils ont établi une inquisition d'état, plus détestable encore que celle qui fait gémir l'Espagnol sous la férule du despotisme et de l'ignorance. Ils ont imposé silence aux organes de l'opinion publique. Ils ont multiplié les arrestations, ils ont augmenté leurs armées, instruments dociles jusqu'ici de leurs volontés, ils ont commencé déjà à dissoudre les milices nationales et à les désarmer. En un mot, ils ont espéré comprimer par la terreur l'élan de l'indignation nationale.

Mais la terreur finit par s'user, et la réaction qu'elle produit se fortifie, s'avance et punit

(1) Voyez page 154.

ceux qui l'ont provoquée. L'inquisition a beau augmenter le nombre de ses espions et celui de ses victimes, on trouve les moyens de s'y soustraire. La presse est esclave, mais la tradition se fortifie et la remplace (1). Les cachots se remplissent, mais chaque arrestation augmente le nombre des coupables. Les armées sont encore dociles, mais elles finissent par se refuser à l'oppression de leurs concitoyens. Les milices nationales sont dissoutes, mais les guerriers citoyens familiarisés avec le danger, connaissant le maniement des armes, ne sont point détruits. La terreur peut servir contre des esclaves révoltés; elle soulève les peuples qui veulent la liberté parcequ'ils se sentent capables d'en jouir.

Un seul moyen reste encore pour tenir sous le joug une nation qui le supporte avec impatience et avec indignation. Ce moyen, ce sont les baïonnettes étrangères : déplorable position des gouvernements qui, pouvant se faire respecter, obéir, soutenir par des hommes libres sous l'empire des lois, riches par l'industrie et par la paix, préfèrent craindre sans cesse leurs propres sujets, et, plutôt que de renoncer à l'arbitraire dans toute sa latitude, se mettent sous la dépendance de

(1) Voyez page 99.

l'étranger. Mais encore ce moyen pour être efficace doit être complet : pour que l'Allemagne ne puisse pas briser ses chaînes, le Cosaque, le Croate et le Pandoure ne suffisent point ; il faut encore que la puissance qui borde l'Allemagne par une longue frontière renonce non-seulement à la secourir, mais qu'elle se joigne à la coalition générale, à la coalition de tous les gouvernements.

Voilà donc le grand but des fondateurs de la Sainte-Alliance ! voilà le sens de son langage mystique ! mais la France, gouvernée par une Charte qui garantit les mêmes libertés que réclament les Allemands, contribuera-t-elle à accabler une nation, son alliée naturelle ? La France après avoir, par la faute funeste du chef militaire relégué à Sainte-Hélène, conduit les Russes sur l'Oder, ira-t-elle par une conduite plus funeste encore, les établir sur le Rhin et en deçà du Rhin ? Son gouvernement ne peut le vouloir et s'il le voulait, ses bonnes intentions seraient vaines tant que les vœux de certains hommes ne seront pas satisfaits, tant que la France n'aura point adopté pour règle de sa conduite ces résolutions des diplomates de Francfort, officiellement notifiées au cabinet des Tuileries.

Il faut donc que, conformément aux désirs exprimés par l'Autriche, le gouvernement français change de système. Il faut que 1815 revienne avec ses lois d'exception, avec ses catégories, ses massacres et sa terreur. Les hommes monarchiques l'espèrent, les véritables amis du Gouvernement s'en affligent. Des bruits inquiétants acquièrent chaque jour plus de consistance; s'ils sont fondés, point de doute alors que l'Allemagne ne soit entourée de tous côtés; que là ou ailleurs le peuple qui le premier repoussera l'humiliation du joug, soit accablé par toutes les forces militaires de l'Europe. Si on pouvait s'arrêter à une pareille supposition, quel terrible avenir pour l'Europe! guerre civile et guerre étrangère, des réactions affreuses, des révolutions terribles....... Mais tardons autant que possible à nous livrer à ces craintes. Espérons encore que les gouvernements allemands, convaincus du funeste résultat de leurs démarches précipitées, reviendront sur leurs pas. Flattons-nous surtout qu'on ne rendra point nécessaire en France un second 5 septembre qui peut-être ne se fera plus avec facilité. Une espèce de fatalité semble présider au sort des États; nous dépendons des événements plus peut-être que de la sagesse des hommes. Abandonnons par conséquent des considérations qu'on ne peut établir sur aucune base solide et revenons à des faits.

La nation allemande, étonnée d'abord en apprenant qu'elle était un foyer de conspirations et de révolutions, est revenue bientôt du mouvement de stupeur qui toujours accompagne le premier moment des grands événements inattendus. Le Wurtemberg en entier a reclamé de la manière la plus énergique contre des actes contraires aux droits du peuple. Toutes les feuilles libérales ont protesté solennellenent contre l'abus de la force, et presque toutes ont mieux aimé interrompre leur publication que de se soumettre à la censure. Des jeunes gens résolus à montrer leur haine pour le despotisme se sont rendus en Suisse, et sur le tombeau de son libérateur ils ont juré fidélité à la cause de la liberté. Ils savent que ce serment est devenu un crime digne de toute punition, mais ils sont résolus à tout braver.

Des événements de cette nature n'étaient point faits sans doute pour rassurer des gouvernements si faciles à effrayer et incapables de sentir leur position vis-à-vis de la nation. Mais ce qui doit les alarmer bien plus, c'est cette sombre résolution, ce silence effrayant qui accueillirent les mesures violentes par lesquelles l'Allemagne apprit qu'elle ne pouvait plus espérer acquérir la liberté par un accord paisible avec le pouvoir. Celui-ci, engagé si solennellement dans la route de l'arbitraire, rougit de la quitter; et comme il n'est point encore contraint par une force majeure à prendre ce parti, il avance toujours pour ne pas reculer. Dès-lors, rien de plus facile que de prévoir la marche des choses. Plus les gouvernements se livreront à des abus de pouvoir, plus ils sentiront avoir mérité la haine du peuple ; ne comptant plus sur son affection, ils verront leur seul appui dans la terreur qu'ils inspireront. Les arrestations se multiplieront à l'infini ; le sang des meilleurs citoyens coulera sur l'échafaud. Il suffira pour paraître digne du dernier supplice d'avoir combattu pour l'indépendance de sa patrie. Si ce système rencontre quelque opposition, la baïonnette et le canon en feront justice. Si l'armée refuse d'encourir l'exécration de la nation, alors une puissance voisine prêtera ses légions couvertes du sang des Polonais. Alors le dernier coup sera porté, et la lutte définitive commencera.

Quelle sera alors la politique de la France? L'Italie est livrée à l'Autriche, la Pologne à la Russie. Ces deux pays, jadis indépendants, ont succombé à des dissensions intestines, fomentées par leurs ennemis. Le gouvernement faible et méprisable de Louis XV a livré la Pologne ; des circonstances déplorables n'ont point permis de défendre l'Italie. La France souffrira-t-elle patiemment que l'Allemagne aussi soit réduite sous le joug, et que le même système, qui déjà la menace du haut des Pyrénées et des Alpes, l'entoure entièrement en la bordant par le Rhin?

Qu'elle ne s'y trompe pas; le despotisme est une épidémie de notre époque; il cherche à s'étendre, et bientôt il enfreindra les faibles cordons par lesquels on aura espéré de l'exclure. Il faut opposer à ce fléau une résistance active; seul moyen pour le comprimer. Lorsque la France sera devenue le seul pays sur le continent qui possède quelque liberté, elle n'en jouira pas long-temps. Les auteurs des *Notes secrètes* pourront espérer alors rappeler les troupes étrangères qu'ils n'ont vu partir qu'à regret. Car la France, heureuse et puissante, parce qu'elle est libre, contribuerait à faire regretter aux peuples un bien si précieux, dont ils sentiraient d'autant plus vivement la privation, qu'ils auraient occasion d'en remarquer ailleurs les favorables résultats. A quoi servirait-il, en effet, d'avoir imposé silence à l'opinion publique en Allemagne, si en France on peut ouvrir une tribune européenne? Il ne s'agit point de se faire illusion: on se flatte de faire porter le même joug à tous les peuples, afin qu'il soit plus solide. Déjà les notes ministérielles annoncent la nécessité commune à tous les souverains de s'unir pour la défense des mêmes principes (1). Déjà, peut-être, on a fait des essais auprès du Gouvernement français, pour l'engager à suivre la route tracée par les congrès de Carlsbad. Bientôt toute incertitude à cet égard sera dissipée; la session va s'ouvrir, et les intentions du ministère ne resteront plus secrètes. Si ces intentions démentent l'attente de la patrie, alors le sort de la France est soumis aux mêmes fatalités qui pèsent sur les autres peuples. Si, au contraire, le cabinet des Tuileries résiste à l'action des cabinets étrangers, il doit réagir sur eux en faveur du système auquel il sera resté fidèle. Placé alors en état d'hostilité avec la Sainte-Alliance, il doit se fortifier de toute l'influence qu'il peut exercer sur les nations, en provoquant l'établissement des gouvernements représentatifs. Le temps des individualités politiques est passé. La république des Provinces-Unies ne serait plus tolérée entre la France de Louis XIV et l'Autriche. On n'a pas même souffert l'aristocratie de Venise et de Gênes.

(1) Voyez la Circulaire du ministre des affaires étrangères de la Prusse, que j'ai cru devoir placer comme pièce justificative parce qu'elle est trop peu connue.

On veut que le même système gouverne le monde entier, sans qu'une seule dissonance trouble l'harmonie générale (1). Ainsi la lutte ne peut plus se borner à un seul pays; les mêmes éléments contradictoires existent partout, et la flamme qui demain peut s'élever sur l'Elbe, ne sera point arrêtée par les neiges des Alpes, peut-être saura-t-elle passer la Méditerranée. Le moment approche où se décidera la grande question, si les peuples seront exploités toujours au bénéfice de quelques familles, ou s'ils obtiendront des gouvernements fondés sur la raison et sur l'intérêt général.

La France aussi a été conduite par les événements vers l'instant décisif, elle possède la liberté de la presse et une loi des élections, qui dans deux ans donnera une chambre de députés digne de porter le nom de représentation nationale. Si cette loi des élections est maintenue, alors le Gouvernement sera obligé de marcher avec la majorité, alors il prouvera qu'en donnant des institutions politiques, il en a prévu les conséquences et qu'il a voulu sincèrement la liberté constitutionnelle. De cette loi dépend donc le sort, non-seulement de la France, mais de

(1) Voyez la déclaration émise par la Sainte-Alliance, et citée pag. 17.

l'Europe entière; car on ne peut douter qu'un gouvernement placé à la tête d'une nation de trente millions d'individus, et assuré de leur amour et de leur dévouement, ne fît pencher la balance du côté où il se serait placé. Alors, par une politique franche et loyale en faveur des autres nations, le régime représentatif triompherait des mesures du congrès de Carlsbad. Paris deviendrait en réalité la capitale du monde libéral (1), et le cabinet français jouirait d'une supériorite incontestable parmi les puissances européennes, supériorité qui ne serait point achetée au prix du sang et des malédictions des peuples, mais honorée et obtenue par leurs vœux. Si tel est le parti adopté par le Gouvernement français, sa stabilité aura acquis la garantie la plus solide. Que pourraient contre lui les menées de quelques hommes privés de tout appui dans la nation, dont ils menacent les intérêts les plus précieux ? Le ridicule ferait justice de leurs vains efforts. Quand aux craintes qu'on pourrait concevoir d'un parti révolutionnaire, elles auraient encore moins de fondement. Ce parti, si même il existait, ne pourrait acquérir quelque influence que par le triomphe des *ultra*.

(1) Voyez page 112.

Toute la nation restera attachée au trône tant qu'il ne cessera point d'être constitutionnel, tant qu'on ne voudra point l'appuyer sur les débris du trône impérial, ou sur ceux du trône de Louis XIV. Les peuples ne sont plus capables de cette obéissance illimitée, de cet attachement irréfléchi, que nos ancêtres ont payé de l'oppression et de la misère. Aucun sacrifice ne leur coûtera pour un gouvernement qu'ils croiront favorable à leur bien-être; mais celui auquel manquerait cette première condition, serait abandonné dès la première attaque.

Si la loi des élections est détruite avec la liberté de la presse, le ministère français ne peut douter qu'il se trouvera en état d'hostilité avec la France. Alors sa position sera celle des gouvernements allemands; l'inquiétude et la crainte seront son partage. Bientôt il se verra forcé de revenir honteusement sur ses pas ou de se précipiter entièrement dans l'abyme du despotisme, abyme où il trouvera sa perte inévitable.

Quel que soit l'événement, il n'est plus permis aux amis de la liberté en France de rester étrangers à ce qui se passe en Allemagne. La joie avec laquelle un certain parti accueille chez nous tous les documents que l'arbitraire nous envoie de l'autre côté du Rhin, doit être la mesure de l'attention que nous devons leur accorder. La cause de la nation allemande est la nôtre propre; car, je le répète, notre liberté manque de garantie si elle est entourée de l'esclavage. Notre indépendance aussi réclame celle de l'Allemagne. Si ce pays s'affaiblit par des dissentions intestines, si l'Autriche et la Russie y établissent leur supériorité, alors notre sûreté, notre tranquillité, sont menacées. La France d'ailleurs lui doit des dédommagements pour les maux qu'il a soufferts de sa part; elle doit répondre à une confiance d'autant plus noble, que déjà une fois elle a été cruellement trompée. Si l'Allemagne, par un instinct très-juste, a fait taire la haine qu'une longue oppression avait fait naître, si elle a fait des vœux pour que le parti libéral triomphât en France, il faut mériter ces vœux en prêtant à ceux qui les font en notre faveur tout l'appui que nous pouvons leur donner.

Notre sort sera bientôt fixé. Si le Gouvernement français entre dans la coalition générale contre les peuples, la nation se verra forcée d'entrer également dans cette coalition des peuples, dénoncée à l'Europe par le ministre prussien; coalition qui, définitivement, triompherait de toute autre.

PIÈCES JUSTIFICATIVES.

RÉSOLUTIONS

Adoptées à l'unanimité par la diète de Francfort.

Interprétation de l'article 13.

Lorsqu'à l'époque de la régénération politique de l'Allemagne, les augustes fondateurs de l'union germanique, afin de donner à leurs peuples un gage de leur affection et de leur confiance, résolurent de maintenir, de rétablir ou de créer partout des assemblées représentatives sur le modèle des anciens états des pays, et que, pour cet effet, l'art. 13 fut introduit dans l'acte de la fédération, ils n'ignoraient pas qu'il était impossible de rendre l'exécution de cet article absolument uniforme dans tous les États confédérés. La différence dans la situation des pays, dont quelques-uns avaient conservé leurs anciennes institutions, soit en entier, soit en partie, tandis que d'autres en avaient été tout-à-fait privés par les événements des dernières années, et que d'autres encore les avaient déjà perdues à des époques antérieures, devait nécessairement amener une différence également sensible dans la manière de procéder à l'accomplissement de l'article 13; différence qu'augmenteraient encore les nouvelles démarcations territoriales, en plaçant sous le même gouvernement des pays inégalement organisés, en réunissant des territoires où les assemblées d'états n'étaient point en usage, à d'autres qui les avaient connues depuis long-temps.

Ce fut en considération de cet état de choses que ni les fondateurs du système actuel de l'Allemagne, ni, plus tard, et lorsque la diète se trouvait établie, les princes membres de la confédération n'ont voulu se prêter au vœu, souvent articulé à la diète et ailleurs, de déterminer par un réglement général, la forme et les pouvoirs des assemblées d'états annoncées par l'art. 13; et si le silence gardé jusqu'ici sur un point aussi capital a entraîné, comme on ne peut plus en disconvenir, de graves inconvénients pour l'Allemagne, il n'en sera pas moins injuste de méconnaître les motifs honorables qui ont imposé ce silence aux princes et à la diète; la crainte d'empiéter sur le droit appartenant à tout État de la confédération de régler les affaires de son intérieur d'après ses lumières et ses besoins, et celle de créer à quelques gouvernements des embarras et des complications peut-être insurmontables, en insistant d'une manière trop rigoureuse sur l'application du principe général.

Jamais cependant les fondateurs de la confédération germanique n'ont pu présumer qu'il serait donné à l'article 13 des interprétations contraires à l'esprit et à la lettre de ses dispositions, ou qu'il en serait tiré des conséquences annullant non-seulement l'article 13, mais l'ensemble de l'acte fédéral dans toutes ses parties fondamentales, et rendant ainsi l'existence de la confédération elle-même absolument problématique. Jamais ils n'ont pu imaginer que le principe nullement équivoque d'une représentation d'états légalement reconnus, auquel ils attachaient le plus grand prix, serait confondu avec des principes et des formes démocratiques, et que l'on bâtirait sur une méprise pareille des prétentions évidemment incompatibles avec l'essence des gouvernements monarchiques, lesquels pourtant (à l'exception peu considérable de quelques villes libres associées à la ligue) devaient former les seuls éléments de la confédération germanique.

Il était tout aussi peu à prévoir que l'on oserait concevoir ou admettre en Allemagne le projet d'opposer les constitutions particulières aux droits et pouvoirs de la confédération générale, de révoquer en doute (comme on l'a effectivement tenté) l'autorité suprême du corps germanique, et de dissoudre ainsi le seul lien qui unit aujourd'hui les États de l'Allemagne entre eux et avec le système européen.

Il est néanmoins de fait que toutes ces déplorables erreurs se sont développées pendant les dernières années, et que, par un enchaînement fatal de circonstances, elles se sont même si fort emparées de l'opinion publique, que le véritable sens de l'article 13 a été presque entièrement perdu de vue. L'exaltation pour les théories chimériques, l'influence d'écrivains ou aveuglés eux-mêmes ou décidés à flatter toutes les illusions populaires, l'ambition mal-entendue de transplanter sur le sol de l'Allemagne les institutions de tel ou tel pays étranger, dont la situation actuelle et l'histoire ancienne et moderne sont également peu analogues à la nôtre: voilà les causes qui, conjointement avec quelques autres, peut-être plus affligeantes encore, ont produit cette vaste confusion d'idées et de langage, dans laquelle une nation aussi noblement célèbre jusqu'ici par sa solidité et sa profondeur, est menacée enfin de se consumer et de se perdre. Les mêmes causes n'ont pas moins opéré sur la manière de voir et d'agir de plusieurs membres des assemblées déjà constituées, et les ont tellement égarés sur la nature et les limites de leurs pouvoirs, que les Gouvernements ont dû en souffrir dans les parties les plus essentielles de leurs fonctions.

Les raisons, qui jusqu'à présent ont déterminé la diète à s'abstenir de toute action directe sur la formation des systèmes constitutionnels dans les différents États de la confédération, doivent enfin faire place à des considérations plus puissantes. Si l'union germanique ne doit pas s'écrouler, si l'Allemagne ne doit pas être livrée à l'anarchie, à des divisions cruelles, à des crises également funestes pour les droits individuels, et pour la prospérité publique, le premier de ses intérêts communs, l'organisation des rapports constitutionnels dans l'intérieur de chacun de ses États, doit être placé sur une base fixe et également reconnue.

Pour arriver à ce but, la diète est invitée à prononcer le plutôt possible sur le sens authentique de l'acte fédéral; et en mettant de côté les théories abstraites et les modèles étrangers, ne consultant que l'histoire, le droit public, et les anciennes doctrines des peuples de l'Allemagne, interpreter ledit article d'une maniere applicable à la position actuelle de tous les États de la confédération, conforme surtout au maintien du principe monarchique dont l'Allemagne ne peut jamais s'écarter impunément, et de l'union fédérative, condition indispensable de son indépendance et de son repos.

Et quelque nécessaire qu'il soit que les assemblées d'états s'organisent sans plus de delai, même avec une activité redoutable, dans tous les pays allemands où elles n'avaient pas déjà une assiette fixe, il n'est pas moins désirable que, pour éviter de nouvelles méprises et pour faciliter un arrangement général et définitif, par rapport à l'exécution de l'article 13, les délibérations relatives à cette affaire, qui sont en train dans plusieurs Etats de la confederation, ne conduisent à aucun résultat incompatible avec les aperçus préalablement énoncés dans la présente proposition, ni avec les développements ultérieurs que va présenter bientôt la déclaration de la diète.

Arrêté portant réglement d'exécution provisoire, relatif à l'art. 2 de l'Acte de la Confédération.

Art. 1er. En attendant qu'un réglement d'exécution définitif et complet dans toutes ses parties, ait pu être dressé, la diète de la confédération germanique est autorisée et invitée, par le présent réglement provisoire, à assurer, de la manière suivante, l'accomplissement et l'exécution de toutes les résolutions qu'elle se croit suffisamment engagée et autorisée à prendre pour la conservation de la sûreté intérieure de l'ordre public, et pour le maintien de l'état de possession (jusqu'à ce que la procédure de droit ou de justice soit entamée).

2. A cette fin la diète élira chaque fois pour le terme de six mois une commission de cinq membres, prise

dans son sein, et qui restera aussi en activité pendant les vacances.

3. C'est à elle que seront adressées toutes les représentations, les rapports, propositions et questions relatives à l'exécution des résolutions de la diète.

4. Cette commission communique, soit après un rapport préalable fait à la diète, soit pendant les vacances, immédiatement aux membres de la confédération, par la voie de leurs ministres à la diète ou de leurs substitués, tout ce qui se rapporte à la non-exécution ou à l'exécution imparfaite des résolutions de la diète; s'il conste par les données qui ont été fournies, que dans le cas en question, les résolutions de la diète sont demeurées sans exécution, ou ont été exécutées imparfaitement, elle s'attend à ce que, dans un court espace de temps à déterminer d'après les circonstances, l'exécution de ces résolutions soit portée à sa connaissance.

5. Si la déclaration du ministre à la diète fait voir que l'État auquel on s'est adressé est d'avis que les résolutions de la diète en question ne sont pas applicables au cas dont il s'agit, ou ne le sont pas dans l'étendue voulue, la commission donne son avis et provoque une résolution de la diète, laquelle sera communiquée au ministre de l'État que le fait concerne, pour en soigner l'exécution. Celui-ci devra, dans un espace de temps déterminé, ainsi qu'il est dit à l'article précédent, informer la diète de l'accomplissement de cette résolution.

6. Si un État membre de la confédération se voit dans le cas d'indiquer, ou si les circonstances de fait parvenues à la connaissance de la diète font voir, que telles résolutions de la diète n'ont pas été exécutées dans un

des États individuels, puisque des ordonnances locales semblent s'y opposer, et que dans un tel cas le gouvernement de cet État trouve à propos de réclamer l'intervention de la diète, ou que celle-ci juge nécessaire d'intervenir de son chef, la diète, sur le rapport de la commission (laquelle écoutera préalablement les observations du ministre de la diète que le fait concerne, et demandera ses explications sur les difficultés qui se présentent), prendra une résolution au sujet de l'application ou de la modification des résolutions susdites pour le cas en question, et fera part de cette résolution audit ministre de la diète, lequel, d'après les déterminations renfermées dans les articles 4 et 5, sera tenu de porter à la connaissance de la diète l'accomplissement de cette résolution dans le terme à fixer.

7. Si la non-exécution des résolutions dans un État individuel, membre de la confédération, provient d'une rénitence de la part des administrés et sujets que le gouvernement ne se voit pas en état de lever lui-même, la diète, après que la commission se sera concertée avec le ministre à la diète que le fait concerne, sur les rapports en question, et après un avis préalable de la commission, fera émaner des déhortatoires répondant à l'état des choses; et si ces déhortatoires restent sans effet, dans l'espace de temps à déterminer, ou en tant que les moyens employés par le gouvernement même que le fait concerne, ne sont pas suffisants, l'assistance militaire aura lieu par le moyen des troupes de la confédération qui entreront sur le territoire de l'État en question.

La diète est en droit de fixer d'après les circonstances et sur un rapport préalable de la commission, tant le nombre des troupes à employer, que les États de la confédération qui seront tenus à les fournir.

Les troupes seront retirées après que l'exécution des résolutions de la diète aura été effectuée et dûment constatée.

8. Si la non exécution des résolutions de la diète provient d'un refus de la part du gouvernement d'y satisfaire, il sera procédé aux déhortatoires et à l'exécution militaire effective sur le pied indiqué dans l'article précédent, avec cette différence que dans ce cas ces mesures seront dirigées contre le gouvernement même de cet État.

Les frais, qui ne devront point excéder le but de l'exécution militaire devenue nécessaire, et qui devront se borner à la dépense effectivement faite, seront à la charge de l'État que le fait concerne, et dans ce cas la diète nomme une commission d'exécution spéciale qui dirigera l'exécution et fera son rapport à la diète sur la marche qui a été suivie.

Arrêté provisoire relatif aux mesures à prendre concernant les Universités.

§ 1. Pour chaque université le souverain fera choix d'un commissaire extraordinaire muni d'instructions convenables et de pouvoirs étendus, résidant dans le lieu de l'université, soit dans la personne du curateur actuel, soit dans une autre personne que le Gouvernement jugera propre de nommer à cette fin.

Les fonctions de ce commissaire seront de veiller à

l'observation la plus rigoureuse des lois et des réglements disciplinaires en vigueur, d'observer soigneusement l'esprit dans lequel les professeurs et instituteurs agissent dans leurs leçons publiques et privées ; de tâcher, sans s'immiscer immédiatement dans la partie scientifique et dans la méthode d'enseignement, à *lui faire* donner une direction salutaire calculée sur la destination future de la jeunesse qui se livre aux études, et de vouer son attention suivie à tout ce qui peut tendre au maintien de la moralité, du bon ordre et de la décence entre les étudiants.

Le rapport entre ce commissaire extraordinaire et les sénats académiques, ainsi que tout ce qui concerne la *fixation* ultérieure de ses *fonctions* et de sa gestion, sera exprimé aussi exactement que possible dans les instructions qui lui seront données par l'autorité supérieure du pays, et dans lesquelles on aura égard aux circonstances qui ont donné lieu à la nomination de tels commissaires.

§ 2. Les gouvernements des États membres de la confédération s'engagent réciproquement à éloigner de leurs universités et autres établissements d'instruction, les professeurs et autres instructeurs publics desquels il conste qu'en s'écartant de leur devoir, en outre-passant les bornes de leurs fonctions, en abusant de leur influence légitime sur l'esprit de la jeunesse par la propagation des dogmes pernicieux, ennemis de l'ordre et du repos public, ou sapant les fondements des établissements publics subsistants, *ils* se sont montrés incapables de la gestion des fonctions importantes qui leur ont été confiées, sans que, dans cette mesure à prendre contre eux, il puisse être opposé aucun empêchement quelconque tant que le présent arrêté reste en vigueur, et jusqu'à ce que, sur ce point, des arrangements définitifs aient été pris.

Cependant une mesure de ce genre ne sera prise que sur la demande pleinement motivée du commissaire du gouvernement préposé à l'université, ou d'après le rapport que celui-ci aura été sommé de faire.

Un professeur ou autre instituteur tellement exclus ne sera admis dans aucun autre État de la confédération à aucun établissement d'instruction publique.

§ 3. Les lois subsistant depuis long-temps contre les associations secrètes ou non autorisées aux universités, seront maintenues dans toute leur force et rigueur, et seront particulièrement étendues d'autant plus sévèrement sur l'association connue, formée depuis quelques années sous le nom *allgemeine Burschenschaft*, qu'une idée absolument inadmissible d'une communauté et correspondance continuée subsistant entre les diverses universités lui sert de base. Il sera enjoint aux commissaires du gouvernement de diriger leur vigilance particulière sur ce point.

Les gouvernements s'engagent mutuellement à ce que les individus desquels il sera prouvé qu'après la publication du présent arrêté ils sont restés ou entrés dans des associations secrètes ou non autorisées, ne seront admis à aucun emploi public.

§ 4. Aucun étudiant qui, par un arrêté du sénat académique, confirmé par le commissaire du gouvernement ou pris à sa demande, aura été éloigné d'une université, ou qui, pour échapper à une telle sentence, se sera éloigné de celle-ci, ne sera reçu à aucune autre université;

et, en général, aucun étudiant ne sera reçu à une autre université sans une attestation suffisante de sa bonne conduite à l'université qu'il a quittée.

Arrêté relatif aux mesures pour prévenir les abus de la presse.

§ 1. Tant que le présent arrêté sera en vigueur, aucun écrit paraissant en forme de feuille journalière, ou de cahiers périodiques, ou ne dépassant pas vingt feuilles d'impression, ne pourra, dans aucun État de la confédération germanique, être livré à la presse sans l'aveu et le consentement préalable de l'autorité publique.

Les ouvrages non compris dans cette disposition, continueront à être traités d'après les lois actuellement existantes ou à rendre à l'avenir ; et si l'un ou l'autre de ces derniers ouvrages donne lieu à une plainte de la part d'un État de la confédération, le gouvernement auquelle cette plainte sera adressée doit faire poursuivre en son nom les auteurs ou éditeurs dudit ouvrage.

§ 2. Chaque gouvernement est libre d'adopter, pour le maintien et l'exécution du présent arrêté, les mesures qui lui paraîtront les plus convenables, bien entendu que ces mesures soient reconnues propres à remplir complètement le but de la disposition principale de l'article 1.

§ 3. Le présent arrêté étant amené par la nécessité généralement reconnue d'adopter des mesures préventives contre les abus de la presse en Allemagne, tant que cet arrêté restera en vigueur, les lois attribuant aux tribunaux la poursuite et la punition des abus et délits commis par la presse, pour autant qu'elles s'appliqueraient aux écrits spécifiés dans l'article 1er, ne peuvent être considérées comme suffisantes dans aucun État de la confédération.

§ 4. Chaque gouvernement de la confédération répond des écrits publiés sous sa surveillance, et par conséquent de tous ceux compris dans la disposition principale de l'article 1er; et lorsque ces écrits blessent la dignité ou la sûreté d'un autre État de la confédération, ou se livrent à des attaques contre sa constitution ou son administration, le gouvernement qui les a tolérés en est responsable non-seulement à celui qui en souffre directement, mais à la confédération entière.

§ 5. Pour que toutefois cette responsabilité fondée dans la nature de l'union germanique, et inséparable de sa conservation, ne donne pas lieu à des désagréments qui compromettraient les relations amicales subsistantes entre les États confédérés, tous les membres de la confédération prennent l'engagement solennel de donner l'attention la plus sérieuse à la surveillance dont ils se chargent par le présent arrêté, et de l'exercer de manière à prévenir autant que possible toute plainte et discussion réciproque.

§ 6. Pour mieux assurer cependant la garantie de l'inviolabilité morale et politique des États de la confédération, qui est l'objet du présent arrêté, il est entendu que dans le cas ou un gouvernement se croirait blessé par des écrits publiés sous un autre gouvernement, et ne pourrait en obtenir satisfaction complète par des représentations amicales ou diplomatiques, il lui sera libre de porter plainte à la diète, laquelle, dans un cas paseil, sera tenue de faire examiner, par une commission, l'écrit qui lui aura été ainsi dénoncé, et à prononcer, s'il y a lieu, d'après le rapport de cette commission, la suppression dudit écrit, comme aussi à en défendre la continuation, s'il est du nombre des écrits périodiques.

La diète procédera de même, sans dénonciation préalable, et de sa propre autorité, contre tout écrit compris dans la disposition principale de l'article 1er, dans quelque état de l'Allemagne qu'il ait été publié, lequel, d'après l'avis d'une commission nommée à cet effet, compromettrait la dignité du corps germanique, la sûreté de l'un ou de l'autre de ses membres, ou la paix intérieure de l'Allemagne, sans qu'aucun recours puisse avoir lieu contre l'arrêt prononcé en cas pareil, lequel sera mis en exécution par le gouvernement responsable de l'écrit condamné.

§. 7. Le rédacteur d'un journal ou autre écrit périodique supprimé par arrêt de la diète, ne sera admis pendant cinq ans à aucune autre rédaction semblable dans aucun État de la confédération.

Les auteurs, éditeurs et imprimeurs de feuilles ou écrits périodiques, et autres compris dans le premier paragraphe de l'article 1er, seront d'ailleurs, en se soumettant à la disposition de cet article, libres de toute responsabilité; et les arrêts de la diète, mentionnés dans l'article précédent, ne seront dirigés que contre les écrits, sans frapper les personnes.

§ 8. Les États confédérés s'engagent à donner connaissance à la diète, dans un délai de deux mois, des mesures que chacun d'eux aura adoptées pour satisfaire à l'article 1er de cet arrêté.

§ 9. Tout ouvrage imprimé en Allemagne, qu'il soit compris ou non dans les dispositions du présent arrêté, doit porter le nom de l'imprimeur ou de l'éditeur, et, s'il est du nombre des écrits périodiques, du rédacteur en chef. Tout imprimé circulant dans un État de la conféération sans que ces conditions y soient remplies, sera saisi et confisqué, et celui ou ceux qui l'auront répandu et colporté, condamnés, selon les circonstances, à des amendes ou autres peines proportionnées au délit.

§ 10. Le présent arrêté sera en force pendant cinq ans, à dater du jour de sa publication. Avant le terme de son expiration, la diète prendra en mûre considération de quelle manière la disposition de l'article 18 de l'acte fédéral relatif à l'uniformité des lois sur l'emploi de la presse dans les États confédérés, pourrait recevoir son exécution en fixant définitivement les limites légales de la liberté de la presse en Allemagne.

Arrêté relatif à la formation d'une commission centrale pour les recherches ultérieures des menées révolutionnaires, découvertes dans quelques États de la confédération.

Art. 1. Dans l'espace de quinze jours, à dater du présent arrêté, il se réunira dans la ville de Mayence, forteresse de la confédération, une commission extraordinaire des recherches, émanant de la diète et composée de sept membres, y compris le président.

2. Le but de cette commission est de faire en commun des recherehes scrupuleuses et détaillées constatant les faits, l'origine et les ramifications multipliées des me-

nées révolutionnaires et des réunions démagogiques dirigées contre la constitution interne et le repos intérieur tant de la confédération en général que des membres individuels de celle-ci, dont les indices plus ou moins proches sont déjà découverts ou pourraient résulter des recherches ultérieures.

3. La diète élit à la pluralité des suffrages dans l'assemblée ordinaire, les sept membres de la confédération qui nommeront les commissaires membres de la commission centrale.

Le président de cette commission sera pris dans le sein de celle-ci, et élus par les sept commissaires nommés de la part des membres de la confédération, après qu'ils se seront constitués commission centrale.

4. Ne pourront être élus membres de la commission centrale que des officiers civils qui, dans l'État qui les nomme, remplissent ou ont rempli des fonctions judiciaires, ou ont instruit des procès d'inquisition importants.

Il sera adjoint à chaque commissaire, de la part de son gouvernement, un greffier ou secrétaire qu prêtera serment sur le protocole, lesquels, ensemble, formeront le personnel de la chancellerie.

Le président distribuera les travaux à soigner entre les membres individuels.

Les arrêtés seront, après un rapport préalable, pris à la pluralité des suffrages.

5. Pour atteindre le but proposé, la commission centrale se chargera de la direction générale des recherches locales qui, dans divers États de la confédération, ont déjà été entamées ou pourraient l'être dans la suite.

Les autorités qui ont été jusqu'ici chargées de telles recherches, ou qui pourraient l'être dans la suite, seront sommées par leurs gouvernements d'envoyer, dans le plus bref délai possible, à ladite commission centrale, les actes rédigés par elles, soit en original, soit en copie; de déférer, le plus promptement et le plus complètement possible, aux réquisitions qui leur seront adressées par ladite commission; d'entamer ou de continuer en conséquence les recherches nécessaires avec la plus grande exactitude et célérité possible, et de procéder à l'arrestation des personnes inculpées.

Elles sont tenues de poursuivre sans délai, et même sans s'être préalablement adressées à la commission centrale, les nouvelles traces qui pourraient conduire à des découvertes; cependant elles donneront en même temps connaissance à celle-ci.

En général, les autorités locales seront invitées, par les autorités supérieures de leurs pays, d'entretenir des communications suivies, tant avec la commission centrale qu'entre eux, et à s'assister mutuellement en ce qui a rapport à l'article 2 de l'acte de la confédération.

6. Tous les membres de la confédération dans les territoires desquels les recherches de ce genre ont déjà été entamées, s'engagent d'indiquer à la commission centrale, immédiatement après qu'elle sera constituée, les autorités locales ou les commissions auxquelles les recherches ont été confiées.

Les membres de la confédération dans les États desquels de telles recherches n'ont pas encore été entamées, mais pourraient devenir nécessaires par la suite, sont tenus, après en avoir été requis de la part de la commission centrale, à faire incessamment ces recherches, et à désigner à la commission centrale l'autorité qu'ils en ont chargée.

7. La commission centrale est autorisée d'examiner elle même tel individu, si elle le juge nécessaire. Elle s'adressera, pour le faire comparaître, à l'autorité supérieure des membres de la confédération ou aux autorités qui, en vertu de l'article 6, lui seront indiquées. Lorsque la commission centrale en reconnaîtra la nécessité indispensable, de telles personnes seront arrêtées sur réquisition de la commission centrale, adressée, soit à l'autorité suprême du pays, soit à l'autorité locale qui lui aura été désignée, et seront transportées à Mayence sous escorte.

8. Les mesures nécessaires seront prises pour la garde convenable des individus à transporter dans le lieu où siége la commission centrale.

Les frais de la commission, ainsi que ceux de l'examen même, seront à la charge de la confédération.

9. Le présent arrêté de la diète tiendra lieu d'instruction pour la commission de recherches centrales.

Dans tous les cas où il se présenterait des difficultés, ou en général lorsque la commission centrale se trouverait dans le cas de demander des instructions ultérieures, elle fera son rapport à la diète, laquelle nommera une commission de trois de ses membres qui sera chargée de préparer la résolution, et de faire le rapport sur de telles demandes d'instruction.

10. De même la commission centrale fera de temps en temps son rapport à la diète sur les résultats de ses recherches, qu'elle aura soin d'accélérer au possible.

En conséquence des résultats qui se présenteront, soit individuellement, soit provenant de la totalité du travail de la commission, après la clôture de ses recherches, la diète prendra les résolutions ultérieures pour préparer les enquêtes judiciaires.

CIRCULAIRE

DU CABINET DE BERLIN

A ses Ambassadeurs, Ministres et Agents diplomatiques près les Cours étrangères.

Cette pièce n'exige point de commentaires. Jamais l'arbitraire ne s'est montré plus à découvert. D'après ce noble Danois, entré au service prussien, des attentats individuels doivent être punis sur toute la nation. Cette pièce nous apprend plus sur les vues des gouvernements étrangers, que ne pourraient faire des volumes de raisonnements.

Vous avez déjà vu le message présidial qu'à la suite des conférences de Carlsbad l'Autriche a présenté à la diète germanique; vous savez aussi déjà que toutes les propositions qu'il contenait ont été converties en décrets par cette assemblée, et que ces décrets y ont passé à l'unanimité. Mais comme il importe beaucoup que toutes les puissances de l'Europe envisagent et jugent ces résolutions sous leur véritable point de vue, je crois devoir vous mettre à même de les leur présenter dans le jour le plus favorable, et de les leur faire connaître dans leurs causes, leur nature et leurs effets. — Il y a long-temps que l'état politique et moral de l'Allemagne pouvait donner de légitimes alarmes à tous les amis de l'ordre social et de la tranquillité publique. Quelque saine que fût en général la masse du peuple, et quelque attachée qu'elle fût, dans les différents États de la fédération, à ses souverains, on ne pouvait se déguiser à soi-même qu'il régnait dans les esprits une inquiétude secrète et une fermentation sourde, entretenues et aigries par la licence effrénée des discours et des écrits. Cette fermentation des esprits était en partie naturelle, et on pouvait l'expliquer par les événements extraordinaires qui, pendant la guerre de la délivrance, avaient tiré les hommes de toutes les classes des ornières de l'habitude; par les sacrifices que l'affranchissement de l'Allemagne avait coûtés aux peuples, et qu'ils sentaient plus dans le calme qu'ils ne les avaient sentis pendant l'orage; par les espérances exagérées des esprits exaltés qui avaient rêvé l'âge d'or, et se flattaient de le voir naître du sein même de l'âge de fer qui venait à peine d'expirer; enfin, par la crise violente de l'industrie et du commerce qui, sortis d'un ordre de choses forcé et contre nature, ne pouvaient pas se mettre tout à coup au niveau des circonstances nouvelles, et qui souffraient à la fois du passé et du présent. Le mécontentement naturel résultant de ces causes réunies était plus triste que dangereux, et devait céder à l'action lente du temps et à l'activité bienveillante et éclairée des gouvernements qui, trop long-temps distraits de l'intérieur, s'en occupaient sans relâche avec autant d'amour que de zèle.

Mais à côté de ce mécontentement naturel existait un mécontentement artificiel et factice qui, prenant sa source dans des principes erronnés, des théories ambitieuses et chimériques, des vues secrètes et coupables, des passions basses et intéressées, créé et répandu par les écrits et les discours d'un parti révolutionnaire, pouvait former avec le premier une alliance dangereuse, et le nourrir avec art, pour égarer les esprits et les porter aux plus funestes excès. Quiconque observait avec un œil impartial et attentif la situation des esprits en Allemagne, soupçonnait depuis long-temps l'existence d'un parti répandu sur toute la surface de cette vaste contrée, tirant son origine d'affinités électives d'opinions et de sentiments, et fortifié par des associations formelles qui tendaient à bouleverser l'Allemagne, et à substituer à son état actuel une république une et indivisible ou telle autre chimère qui ne pouvait même être tentée que par des révolutions violentes, et dont le préalable aurait été le renversement de toutes les dynasties régnantes.

Un attentat atroce donna la mesure de l'audace et de la frénésie du parti révolutionnaire. Cet attentat, commis par le bras d'un seul individu, qui peut-être même n'avait pas de complices proprement dits, n'en était pas moins le fruit d'une façon de penser générale d'une certaine classe, l'effet visible et les signes frappants, le symptôme indubitable d'une maladie sérieuse, profonde, étendue, qui se révélait de cette manière à l'Allemagne effrayée. Pour achever de s'en convaincre il suffit de recueillir les jugements de la classe enseignante, des étudiants, des écrivains et de tous ceux qui étaient soumis à leur influence, sur cette action affreuse qui excita l'indignation des peuples, et qui trouva des apologistes parmi les esprits développés. Tandis qu'elle inspirait de l'effroi aux uns, elle excitait l'admiration des autres.

Les enquêtes qui eurent lieu sur le théâtre du crime, en provoquèrent ou en amenèrent d'autres dans différentes parties de l'Allemagne. La Prusse sentit aussi la nécessité d'éclairer, par des moyens extraordinaires, les ténèbres dans lesquelles se préparait l'alliance formidable des fausses doctrines et des besoins, celle des maximes *en apparence désintéressées*, avec les *passions* personsonnelles. Le résultat de ces enquêtes a été partout le même; partout les faits ont constaté des suppositions qui n'étaient que trop fondées; tout a prouvé l'existence et l'activité d'un parti qui semait dans l'ombre, pour un avenir plus ou moins éloigné, des germes de révolution. Les meneurs liés par l'identité des principes et des sentiments, tiennent les uns aux autres par une attraction naturelle, communiquent ensemble par lettres, mais *plus encore par des voyages fréquents et par des missionnaires politiques*; ils se soutiennent sans se connaître personnellement, et souvent s'entendent sans s'être expliqués d'une manière formelle. Leur but est de refondre la société, d'effacer toutes les différences politiques qui se trouvent entre les peuples de l'Allemagne, de substituer l'unité réelle de ce vaste pays à l'union de ses membres, et d'arriver, par les ruines de l'ordre actuel, à un nouvel ordre de choses. Leurs moyens sont de s'emparer de la génération qui s'élève, en lui donnant dans tous les instituts d'éducation, depuis les écoles jusqu'aux universités, un même esprit, les mêmes sentiments, les mêmes habitudes. Cet esprit est un esprit d'indépendance et d'orgueil, des principes subversifs entés sur une métaphysie abstruse et sur une théologie mystique, afin de fortifier le fanatisme politique par le fanatisme religieux. Ces sentiments sont le mépris de ce qui existe, la haine contre les rois et les gouvernements, l'enthousiasme pour le fantôme qu'ils appellent liberté, et l'amour des choses extraordinaires; ces habitudes sont celles de de la force physique, de l'adresse corporelle, et surtout le goût des associations secrètes et mystérieuses, comme autant d'armes dont on pourra se servir au besoin contre la société. Le *turnwesen* et le *burschenschafft*, tendant à faire de toute la jeunesse un État dans l'État, n'avaient pas d'autre objet. Dans quelques années d'ici, les jeunes gens façonnés de cette manière, instruments dociles de leurs maîtres, placés dans le gouvernement, doivent se servir de leurs places pour le renverser. La doctrine de ces sectaires, telle que le crime commis à Manheim et les apologies de ce crime l'ont révélée, peut se réduire à deux maximes, l'une plus perverse que l'autre : la première, que le but légitime les moyens; la seconde, que les actions sont indifférentes, que leur prix dépend uniquement des idées qui les inspirent, et que ces idées sont toujours louables, quand elles ont l'indépendance et la liberté de l'Allemagne pour objet.

Telle est la nature du mal que les enquêtes ont manifesté. On voit qu'il ne s'agissait pas de conspirations, mais d'acheminement à une révolution, non de la Prusse seule ou principalement, mais de l'Allemagne toute entière, non du moment actuel, mais de l'avenir. — Du moment où les gouvernements de l'Allemagne eurent découvert et sondé la plaie, il était de leur devoir de s'occuper des moyens de combattre les progrès du mal, et de tâcher de l'extirper dans sa racine. Il tient à des causes générales; on ne pouvait donc aussi le conjurer que par des mesures générales concertées entre tous les États de l'Allemagne, et unanimement consenties. Sévir simplement contre des individus qui avaient été arrêtés comme les plus instruits des vues et des menées du parti, et non comme les plus coupables, et qui avaient dû principalement servir de moyen de perquisition, eût été une mesure partielle et insuffisante; c'était dans les causes qu'il fallait prévenir les effets.

Tel a été l'objet unique des conférences de Carlsbad; elles n'avaient d'autre but que de concerter, entre tous les intéressés, les moyens les plus propres à créer des garanties de l'ordre social en Allemagne, soit en donnant plus de force, de dignité et de pouvoir à la diète germanique, soit en convenant de principes communs à suivre par tous les États fédérés, relativement aux deux grands véhicules de l'opinion, la presse et l'instruction publique. — Les ministres de toutes les cours principales de l'Allemagne, réunis à Carlsbad, ont été parfaitement unis de sentiments et de vues. Le mal s'annonçait d'une manière si évidente et sous des formes si alarmantes, que tous les esprits en ont été saisis et pénétrés. Les mesures les plus faites pour l'éloigner et le prévenir étaient à la fois si simples et si palpables, tellement indiquées par les causes du mal elles-mêmes, et tellement conformes aux principes de la justice et de l'humanité qui dirigent tous les princes d'Allemagne, que les propositions à faire à la diète n'ont pas rencontré de contradicteurs, et ont été faites avec l'assentiment général des souverains et de leurs ministres. — Ce qui achève de prouver que ces mesures étaient à la fois urgentes et dictées par l'intérêt commun, c'est qu'il a presque suffi de les présenter à la diète pour les lui faire adopter, et que ces propositions ont été converties en résolutions à l'unanimité. — Cette unanimité précieuse et vraiment admirable met l'union des États de l'Allemagne dans tout son jour; cette union qui a fait adopter les mesures proposées, garantit encore plus leur succès et la sûreté de l'Allemagne que ces mesures elles-mêmes. Cette union est la seule unité possible; et comme c'est une unité vivante, non pas de nom, mais d'effet; non de forme, mais de sentiments et d'intérêts, on peut et doit en attendre les plus heureux résultats.

Il serait inutile d'entrer dans de longues discussions sur les raisons et les motifs qui ont réuni tous les suffrages sur les moyens proposés; ils parlent assez d'eux-mêmes, et se trouvent aussi en partie énoncés dans le message présidial. Cependant je crois encore devoir y ajouter les considérations suivantes.

Lorsque les souverains d'Allemagne, au congrès de Vienne, déclarèrent, par l'article treize de l'acte fédéral, qu'il y aurait une constitution d'États dans les différentes parties intégrantes de la fédération germanique, ils ne promirent, en effet, que ce qu'ils pouvaient et voulaient accorder à leurs peuples; que ce qu'ils auraient déjà tous réalisé, si les travaux préparatoires de cette institution le leur avaient permis, ce qu'ils vont exécuter sans différer davantage. Mais il est sûr que cet article était énoncé d'une manière vague, et ce vague a été saisi par les novateurs, et ils s'en sont servis pour substituer leurs propres idées creuses ou leurs espérances fantastiques à l'idée des souverains. Il importait donc beaucoup de s'expliquer sur cet objet d'une manière plus précise afin de réprimer les prétentions des sectaires et de prévenir des erreurs de fait et d'action de la part des gouvernements. C'est ce que la diète vient de faire.

Les souverains ont promis une représentention d'états à leurs peuples : institution ancienne qu'il s'agit de raviver; institution véritablement nationale et germanique; institution qui, donnant aux différentes classes de propriétaires un moyen légal d'éclairer le souverain, et prêtant une voix organique aux vœux et aux besoins de la nation, est en effet une institution monarchique, Mais les princes de l'Allemagne n'ont jamais voulu, et ne se sont pas du moins engagés à donner à leurs peuples une représentation dans le sens moderne du mot, sur les principes et sur l'échelle d'autres constitutions jusqu'ici étrangères à l'Allemagne, une représentation nationale qui, calculée sur l'étendue du territoire et la population, et investie d'attributions souveraines, dénaturerait les gouvernements existants, et introduirait la démocratie dans la monarchie. — La maladie politique qui attaque une partie de l'Allemagne, et qui menace, si l'on n'y porte remède, de gagner de plus en plus du terrain, est née en grande partie de l'abus de la presse et du mauvais esprit du corps enseignant dans plus d'une université. C'est là que se trouve la source du venin des fausses doctrines. Ici surtout, les mesures communes étaient nécessaires; car que servirait-il à un gouvernement allemand de prévenir la licence de la presse, si tel autre l'encourageait ou la tolérait ? que gagnerait-on à ôter sa place en Prusse à un professeur qui en abuserait pour pervertir l'esprit de ses auditeurs, s'il pouvait espérer d'être placé dans une autre université? Il fallait donc établir partout à cet égard une police assise sur les mêmes principes. C'est ce que la diète a tâché de faire. Le problème n'était pas dificile. Il a été résolu, pour la liberté de la presse, de manière à concilier l'intérêt de la science, qui tient à ce que les ouvrages savants et les recherches sérieuses et profondes soient affranchis de toute entrave, avec *l'intérêt de l'opinion* publique, et celui de la réputation des gouvernants et des gouvernés, qui exigent que les gazettes et les pamphlets soient soumis à la censure, afin de ne pas corrompre le peuple par le poison de leurs mensonges et de leurs fausses doctrines, et de ne pas déshonorer les citoyens par leurs médisances et leurs calomnies.

Quant aux universités, on n'a pas touché à ce qui les rend avec raison chères à l'Allemagne, à la véritable liberté de l'enseignement scientifique, à l'étendue des études que l'on peut y faire, à leurs formes particulières et originales; mais on les a soumises à une surveillance plus sévère, et l'on a cru que le moyen le plus sûr de réprimer les écarts politiques et anti-religieux des professeurs, était de leur annoncer les conséquences graves que leurs fausses doctrines auraient pour toute leur existence.

Quant aux étudiants, on a renouvelé une défense à laquelle on tiendra la main, et qui empêchera qu'ils ne soient autre chose que ce qu'ils doivent être, des jeunes gens qui se préparent à la fois à la vie savante et à la vie active.

La diète aurait beau décréter ces résolutions, si elle

continuait à manquer d'une puissance coactive capable de les faire respecter. Un mode d'exécution assurée et par conséquent munie d'une force suffisante, manquait à la fédération : c'était une des principales lacunes de l'acte fédéral. Cette lacune vient d'être remplie. Les États d'Allemagne, les plus grands comme les plus petits, ont tellement reconnu la nécessité d'organiser dans la fédération une puissance coactive, qu'ils n'ont pas balancé à sacrifier à la dignité, à la consistance, à l'action de la diète, les craintes que la faiblesse pouvait inspirer aux uns, et celles que la supériorité pouvait suggérer aux autres. Dans cette loi d'exécution, on a tâché de ménager l'indépendance de chaque état, autant qu'on le pouvait, sans compromettre l'existence de l'association. La force ne se montre que dans le fond du tableau, et n'agira qu'après que toutes les ressources auront été épuisées. — Comme les fils des trames révolutionnaires se croisent dans leurs directions, et s'étendent dans beaucoup de pays où les enquêtes particulières les ont découverts et signalés, sans pouvoir les suivre, on a cru qu'un comité général d'enquêtes, purement temporaire, saisirait et lierait mieux tous les faits, afin d'en présenter l'ensemble à l'Allemagne, pour la leçon des peuples et la gouverne des princes. La manière dont cette commission sera formée, l'esprit des gouvernements qui la nommeront, et sa durée limitée, suffisent pour rassurer les esprits les plus prompts à s'effaroucher de toute mesure de sûreté qui paraît le moins du monde menacer la liberté individuelle.

Tel est, Monsieur, le sens dans lequel vous présenterez au ministère de la cour près laquelle vous êtes accrédité, les mesures qui viennent d'être prises à la diète.

Les considérations que je viens de vous communiquer, suffiront pour vous mettre en état de lui faire sentir que ces mesures tiennent les unes aux autres, qu'elles sont les conséquences des mêmes principes, qu'elles tendent au même but, et qu'elles forment un ensemble qui doit inspirer la plus grande confiance dans leurs résultats et les effets qu'elles ne manqueront pas de produire.

Il importe surtout que vous rendiez le ministère attentif à deux résultats de ce nouveau système, qui seront un bienfait pour l'Europe toute entière.

Les puissances de l'Europe qui ont réuni leurs efforts contre les bouleversements comme contre les principes de la révolution française; qui ont assis sur leurs antiques bases la légitimité et la propriété; qui, par des traités solennels, se sont garanti réciproquement cet état de choses, sont aussi plus que jamais solidaires pour tout ce qui tient à leur tranquillité intérieure. Un pays ne peut être aujourd'hui révolutionné ou menacé de révolution, sans que les autres soient ébranlés ou frémissent de l'être. Les ennemis de l'ordre social, dans les différentes contrées de l'Europe, sont liés entre eux non seulement par l'identité des principes, mais par des communications intimes. Leurs joies coupables, leurs douleurs scandaleuses, leurs craintes et leurs espérances, sont partout les mêmes; et à cet égard, il règne entre eux une parfaite communauté de biens. Les premiers amis et protecteurs de l'ordre social, les souverains, ne peuvent se flatter de combattre leurs ennemis avec succès, s'ils ne sont pas unis dans le même respect à professer les principes, dans les mêmes mesures vigoureuses pour les défendre. Ce n'est pas pour eux, c'est pour les peuples; ce n'est pas par amour du pouvoir; c'est par attachement pour la liberté, qu'ils doivent tout employer pour maintenir leur autorité tutélaire. Ils doivent donc applaudir à ce que l'Allemagne vient de faire, et marcher dans le même sens. On peut le dire sans exagération, c'est à l'Allemagne et à son repos que tient la tranquillité de l'Europe. Par sa position géographique, ce pays en est le centre ou pour mieux dire le cœur; et le cœur ne saurait être vicié ou malade, sans que l'on s'en ressente bientôt jusqu'aux extrémités du corps politique.

— Les mesures prises pour donner à la fédération germanique plus d'unité, de force et d'action, bien loin d'inspirer aux puissances voisines de l'Allemagne des appréhensions ou des jalousies, doivent au contraire les réjouir, et elles doivent y voir de nouvelles garanties de la conservation de la paix générale. La force de la fédération germanique, comme celle de toutes les fédérations placées entre des puissances du premier rang, ne sera jamais que défensive; elle maintiendra ses droits et son indépendance, elle ne menacera jamais celle des autres; et plus la force de l'Allemagne sera grande, plus elle préviendra dans leur naissance ou arrêtera dans leurs développements tous les projets qui seraient contraires au lien de fraternité, à la sainte alliance qui unit les États de l'Europe.

Recevez, Monsieur, l'assurance de ma considération très-distinguée.

BERNSTORFF.

SOUS PRESSE,

POUR PARAITRE TRÈS-INCESSAMMENT

A la Librairie constitutionnelle de Brissot-Thivars, rue Neuve-des-Petits-Champs, n° 22, près la rue Chabanais,

LE CALENDRIER LIBÉRAL pour l'année 1820, avec cette épigraphe :

> Aux citoyens utiles, aux grands hommes la patrie reconnaissante.

Dans les trophées qui se trouvent en tête de ce Calendrier et sur le piédestal, on a inscrit les noms des députés, des pairs, des publicistes, des littérateurs, des savants, des artistes, des négociants et des manufacturiers, qui, par leurs talents et leur caractère, sont la gloire et l'honneur de la France. Chaque jour de l'année présente le souvenir d'un homme illustre, chaque jour rappelle une époque chère à la liberté.

Cet ouvrage réunit à des recherches historiques qui sont d'un grand intérêt, le mérite d'une exécution très-soignée. M. Couché fils, le même à qui l'on doit les gravures des trophées des armées françaises, s'est chargé, d'après un plan tout-à-fait neuf, de l'exécution du dessin et de la gravure du *Calendrier libéral*.

LE CALENDRIER FÉODAL peut former le pendant du Calendrier libéral : chaque jour a son saint, et ce saint est un des patrons du *Conservateur ;* chaque jour a son époque, et cette époque est marquée par quelque découverte monarchique, par la proscription ou par le meurtre d'un vilain. On voit au frontispice un ignorantin et un voltigeur dans tout l'éclat de leur dignité. Les trophées se composent d'un bonnet carré, d'un éteignoir, d'un chapelet, d'une discipline, etc.... On y remarque aussi un poignard et une girouette qui semblent être le signe heureux de l'alliance conclue il y a peu de jours, entre les hommes de 1815 et les enfants perdus du ministère.

www.ingramcontent.com/pod-product-compliance
Ingram Content Group UK Ltd.
Pitfield, Milton Keynes, MK11 3LW, UK
UKHW021127220726
13924UKWH00004B/1950

9 782019 723132